41 Sekunden bis zum Einschlag

Als Bomberpilot im Kampfgeschwader 100 *Wiking*
mit der geheimen Fernlenkbombe *Fritz X*

Klaus Deumling

Diese Neuauflage obliegt dem Originaltext
mit der alten deutschen Rechtschreibung.

Klaus Deumling 1942 als 18-jähriger Fliegeroffizier und im Jahr 2008 im Alter von 84 Jahren.

Dr. Klaus Deumling, geboren am 4. Februar 1924 in Pohlitz, heute Ortsteil von Bad Köstritz, Kreis Gera/Thüringen.

Bereits 1926 zogen die Eltern, der aus Schlesien stammende Vater und die in Berlin geborene Mutter, mit ihrem einzigen Kind nach Bielefeld, das die eigentliche Heimat des Klaus Deumling wurde. Dort besuchte er ab 1930 die Volksschule und ab 1934 das Ratsgymnasium. Neben Elternhaus und Schule prägten Jungvolk und Hitler-Jugend den jungen Klaus politisch. 1940 absolvierte er in Oerlinghausen bei Biele- feld die beiden Segelflugprüfungen A und B. Danach vertiefte sich sein Wunsch, Pilot der deutschen Luftwaffe zu werden. Anläßlich seines Einberufungsbescheids zum 15. Mai 1941 zum Fliegerausbildungsregi- ment 22, nach Güstrow, erhielt er mit drei weiteren Klassenkameraden bereits Ostern 1941 sein studierfähiges Abiturzeugnis .

Nach der militärischen Grundausbildung besuchte Klaus Deumling vom 1. Oktober 1941 an die Kriegschule in Berlin-Gatow, ab 1. Oktober 1942 die C-Schule in Fürstenwalde, und ab 15. Februar 1943 die Blind- flugschule in Belgrad. Vom 15. April 1943 an war er Angehöriger des in Schwäbisch Hall stationierten Kampfgeschwaders 100, III. Gruppe,

7. Staffel, mit anschließendem Kriegseinsatz bis zum 8. April 1945, geriet am 17. Mai desselben Jahres in russische Kriegsgefangenschaft, aus der er am 4. Juni 1948 entlassen wurde.

Am 1. August 1948 begann Klaus Deumling eine Berufsausbildung zum Industriekaufmann. Am 9. März 1951 heiratete er Hella Lehmann, die am 15. November 1957 die gemeinsame Tochter Kirsten zur Welt brachte. Seit dem 1. August 1955 war er als selbständiger Kaufmann tätig.

Ab dem Winter-Semester 1985 absolvierte Klaus Deumling für zwei Jahre ein Studium für Geschichte in Bielefeld. 1988 siedelte er nach Göttingen um. Am 12. Februar 1992 bestand er sein Magisterexamen, studierte daraufhin Volkskunde und promovierte am 4. Februar 1999.

Seit 2006 arbeitet Dr. Klaus Deumling ehrenamtlich im Luftfahrt-Museum in Hannover-Laatzen.

Die alte Villa in Pohlitz, in der Klaus Deumling 1924 geboren wurde, im Jahr 2000.

Gewidmet
meiner Erica, meiner Tochter Kirsten
und den mit der *Roma* untergegangenen Soldaten

41 Sekunden bis zum Einschlag

**Als Bomberpilot im Kampfgeschwader 100 *Wiking*
mit der geheimen Fernlenkbombe *Fritz X***

Klaus Deumling

Ihre Zufriedenheit ist unser Ziel!

Liebe Leser, liebe Leserinnen,

zunächst möchten wir uns herzlich bei Ihnen dafür bedanken, dass Sie dieses Buch erworben haben. Wir sind ein kleines Familienunternehmen aus Duisburg und freuen uns riesig über jeden einzelnen Verkauf!

Mit unserem Label *EK-2 Militär* möchten wir militärische und militärgeschichtliche Themen sichtbarer machen und Leserinnen und Leser begeistern.

Vor allem aber möchten wir, dass jedes unserer Bücher **Ihnen ein einzigartiges und erfreuliches Leseerlebnis** bietet. Daher liegt uns Ihre Meinung ganz besonders am Herzen!

Wir freuen uns über Ihr Feedback zu unserem Buch. Haben Sie Anmerkungen? Kritik? Bitte lassen Sie es uns wissen. Ihre Rückmeldung ist wertvoll für uns, damit wir in Zukunft noch bessere Bücher für Sie machen können.

Schreiben Sie uns: info@ek2-publishing.com

Nun wünschen wir Ihnen ein angenehmes Leseerlebnis!

Jill & Heiko von EK-2 Publishing

Inhalt

Vorwort

Seit zwei Jahren bin ich, mit heute 84 Jahren, als ehrenamtlicher Mitarbeiter im Luftfahrt-Museum Hannover-Laatzen tätig. An jedem Samstag stehe ich von 10:00 Uhr bis 17:00 Uhr für Besucherbetreuung und Führungen *(dafür gelegentlich auch an anderen Tagen)* zur Verfügung. Seit langem schon hatte ich bis dahin mit den Kriegs- und Nachkriegserlebnissen vollkommen abgeschlossen. Doch während meiner Tätigkeit in diesem Museum erschien nun alles, was ich im Lauf der Zeit verdrängt hatte, wieder sehr plastisch vor meinen Augen. Die Ereignisse lebten plötzlich wieder derart vor mir auf, als wären sie gerade erst gestern geschehen. Bisher war ich mit den Erlebnissen immer etwas isoliert geblieben, hatte kaum Interessenten für mündliche Berichte und einen Meinungsaustausch, und so waren die Dinge immer mehr in einem nie ergründbaren Nebel meines Bewußtseins untergegangen – worüber ich mir eigentlich auch niemals Gedanken gemacht hatte. Während meiner Tätigkeit im Luftfahrt-Museum traf ich dann allerdings mit vielen interessierten Menschen zusammen, sah die historischen Flugzeuge und spürte immer mehr, daß die Erinnerung nur verdrängt und keineswegs erloschen war. Während unzähliger Gespräche wurde mir immer klarer, wie groß das Interesse der Museumsbesucher ist, mit einem kompetenten Zeitzeugen zu sprechen. Unter den vielen Menschen, die ich bisher führen und auch begeistern konnte, erlebte ich eines Tages eine für mich ganz besondere Begegnung:

Am 6. Oktober 2007 hatte ich das große Glück, eine höchst interessierte Gruppe führen zu können, die sich aus 28 Personen internationaler Herkunft zusammensetzte und von der ich zunächst gar nicht wußte, wen ich da vor mir hatte. Schon während meiner Führung bemerkte ich, daß der berühmte „Funke" von und zu dieser Gruppe übergesprungen war, denn ihr Leiter sowie alle Personen standen bald im regen Gespräch mit mir – besonders, als die Gesellschaft auf mehrfaches Hinterfragen detaillierte Einzelheiten über mein Fliegerleben erfahren hatte. Nach Beendigung der Führung spürte ich die bei allen entstandene Begeisterung und ein offensichtlich noch größeres Interesse an der Historie der Luftfahrt.

Der sympathische Leiter dieser Gruppe sagte mir bei der Verabschiedung anerkennend: „Sie sind ein toller Typ…"

„Danke, Sie aber auch", antwortete ich aufrichtig und aus dem Eindruck, den ich durch das intensive Gespräch mit ihm gewonnen hatte.

Beim Austauschen weiterer Einzelheiten erfuhr ich nun, daß mir der international bekannte D-Day-Experte und Autor etlicher themenbezogener Bücher, Helmut Konrad Freiherr von Keusgen, gegenüberstand. Er hatte für eine Gruppe von 28 D-Day-Interessenten, die speziell zu diesem Anlaß aus vielen Ländern Europas angereist waren, diesen Museumsbesuch im Rahmenprogramm der Feierlichkeiten anläßlich des 10-jährigen Jubiläums des H.E.K.Creativ Verlags arrangiert.

Herr von Keusgen lud mich zu einem wunderbaren Abendessen und einem langen, persönlichen Gespräch auf das Keusgen-Anwesen in Schloß Ricklingen ein, schenkte mir einige seiner brillant erarbeiteten Bücher und regte im Verlauf dieses höchst interessanten Abends an, ob ich nicht vielleicht schriftlich über meine ungewöhnlichen Kriegserlebnisse berichten wollte – besonders über die spektakuläre Versenkung des italienischen Flaggschiffs des Admirals Bergamini, der *Roma*. Hiermit stieß er in mir unvermittelt eine Tür auf, von der ich glaubte, daß sie für mich gar nicht mehr existierte. Ich dachte dann einige Zeit über die Herausforderung nach, meine Erlebnisse von 1941 bis 1948 in Form einer Autobiographie niederzuschreiben, und kam zu einem positiven Entschluß. So möchte ich dem interessierten Leser nun nachfolgend meine gesamte militärische Laufbahn und die Wechselbäder von Erfolgen, mit euphorischer Begeisterung einerseits und maßloser Enttäuschung sowie Niedergeschlagenheit andererseits, darstellen.

Anläßlich der Entstehung dieses Buches bekam ich dann mehrfach Gelegenheit, festzustellen, daß es eine wahre Freude ist, mit Herrn von Keusgen als äußerst professionellem Schriftsteller und Kenner vieler spezifischer historischer Ereignisse zusammenzuarbeiten und möchte mich hiermit ganz nachdrücklich bei ihm bedanken!

Bilder rechts, Seite 11: Im Luftfahrt-Museum in Hannover-Laatzen noch einmal in die Vergangenheit zurückgekehrt… Mit diesem Flugzeugtypen, einer FW 44 (Focke Wulf) Stieglitz, hatte ich im Dezember 1941 meinen ersten Alleinflug absolviert.

SZ-30

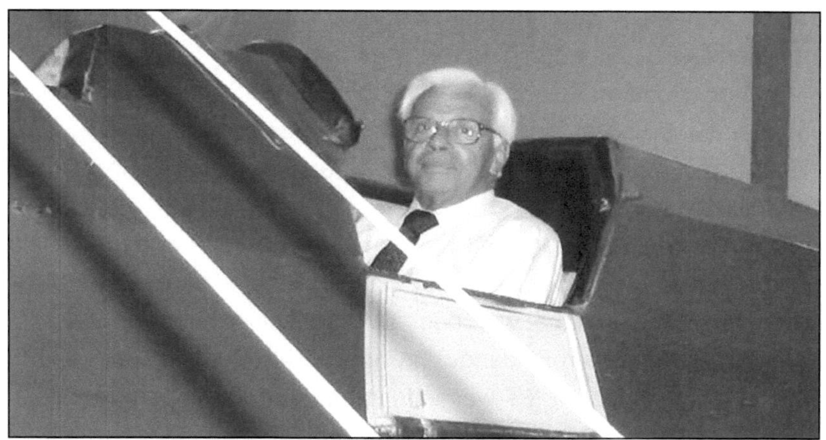

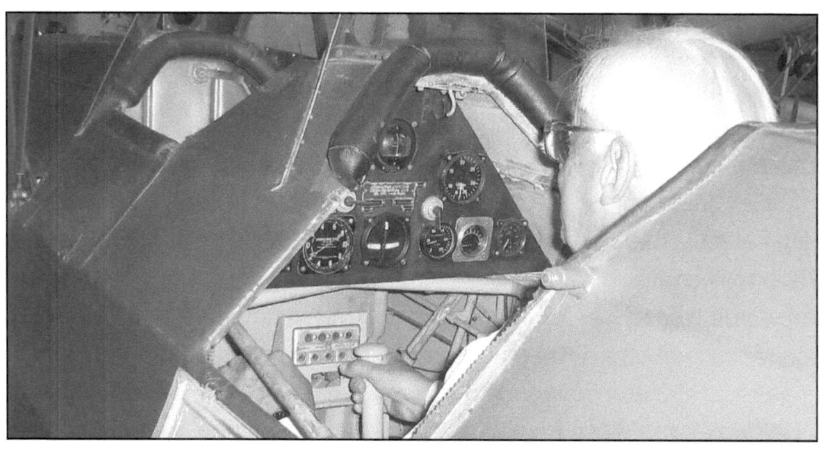

Das Kampfgeschwader 100 Wiking vor meiner Zeit

Wie ich erst später erfahren hatte, war das Kampfgeschwader 100 *Wiking* eines der interessantesten Geschwader der deutschen Luftwaffe im Zweiten Weltkrieg. Doch vorher möchte ich zum besseren Verständnis näher erläutern, wie der Aufbau der Deutschen Luftwaffe gegliedert war: Das Geschwader, das die klassische Gefechtseinheit bildete, entsprach beim Heer einem Regiment. Ein Geschwader wurde meistens von einem Oberst, Oberstleutnant oder später auch von einem dienstälteren Major geführt. Unterhalb des Geschwaders gab es die Gruppe, beim Heer einem Bataillon entsprechend, und darunter die Staffel, beim Heer wäre es eine Kompanie. Zu einer Staffel gehörten grundsätzlich 9, zu einer Gruppe 27 und zu einem Geschwader 81 Flugzeuge. Somit hatte jedes Geschwader in der Regel drei Gruppen und jede Gruppe drei Staffeln. Oberhalb des Geschwaders stand das Fliegerkorps und darüber die Luftflotte, deren Stabstätigkeit uns Unterführer in keiner Weise tangierte.

Das Kampfgeschwader 100 *Wiking* wurde von Anfang an auf allen Kriegsschauplätzen eingesetzt und hieß im Polenfeldzug, in dem es schon sehr intensiv dabei war, noch *Luftnachrichtenabteilung 100*. Zu Beginn des Norwegen-Feldzugs, im April 1940, wurde es in *Kampfgruppe 100* umbenannt. Es war anfangs nur mit Kampfbombern vom Typ He 111 *(Heinkel)* für den klassischen Bombenabwurf ausgestattet, später kamen dann die Do 17 *(Dornier)* und Do 217 hinzu.

Dieses Geschwader galt als ein Pioniergeschwader mit modernster Technik beim Bombenabwurf. Weil in Nordeuropa zu 80 Prozent bewölkter Himmel vorherrscht, sind Bombenzielabwürfe mit dem normalen Zielgerät Lotfe 7 D nur selten möglich. Die Bomberbesatzungen erlebten daher immer wieder, daß ihre Bombenteppiche bei bedecktem Himmel außerhalb der strategisch wichtigen Ziele einschlugen und die Zivilbevölkerung völlig unbeabsichtigt betroffen wurde. Die Bomberpiloten wurde wegen der *(unbeabsichtigten)* Verwundungen und Tötungen von Menschen oft als Kriegsverbrecher diffamiert und hatten trotz eines ungeheuren Kostenaufwands nur einen kleinen Teil der kriegswichtigen Objekte zerstört. Man erkannte sehr bald, daß es notwendig war, mittels moderner Technik ein spezielles Verfahren zu entwickeln, um die fehlerhaften Bombenabwürfe drastisch zu reduzieren.

Beim klassischen Bombenabwurf schlug eine aus 5.000 Meter Höhe abgeworfene 250-Kilo-Bombe nach 34 Sekunden im Ziel ein, wobei der Auslösemoment 3.000 Meter vor dem Ziel lag. Hierbei spielten die tatsächliche Flughöhe über Grund, Geschwindigkeit und Windstärke sowie Windrichtung eine wichtige Rolle beim Bombenflug. Die Flughöhe über Grund war exakt bekannt, genaue Geschwindigkeit über Grund, Windstärke und Windrichtung waren nur ungefähr oder nicht genau zu ermitteln. Noch als *Luftnachrichtenabteilung 100* hatte diese Einheit 1939 ein Verfahren entwickelt, um auch bei bedecktem Himmel die Bomben gezielter abwerfen zu können. Es handelte sich hier um das sogenannte Bomberleitstrahl-Verfahren. Bei diesem Verfahren wurde das Flugzeug durch Zusammenwirken von Bodenfunkfeuer und Funkempfänger im Flugzeug auf einen Funkleitstrahl gelenkt, was sich so auswirkte, daß in den Kopfhörern des Bordfunkers und Piloten ein Dauerton *(tüüüüüüüt)* zu hören war. Wich man nun unzulässig vom FunkleitstrahlKurs ab, änderte sich der Dauerton in Punkte *(Abweichung nach rechts = tüt…tüt…tüt)* oder Striche *(Abweichung nach links = tüüüt…tüüüt…tüüüt).* So erkannte der Pilot die Richtung seiner Abweichung vom Funkleitstrahl und konnte seinen Kurs entsprechend korrigieren. In einer bestimmten Entfernung vor dem Ziel erhielt der Bordfunker im Flugzeug Signale über die Kreuzung eines ersten Funkquerstrahls. Jetzt zeigte die eingeschaltete Uhr die Zeit bis zur Kreuzung des zweiten Funkquerstrahls. Mittels der so erhaltenen erforderlichen Werte konnte der Beobachter einen verhältnismäßig sicheren Bombenabwurf ohne Erdsicht vornehmen. Weil sich die Funkstrahlen *(Funkleitstrahl und Querstrahl)* x-förmig kreuzten, wurde das Funkleitstrahlverfahren auch *X-Verfahren* genannt.

Selbstverständlich konnte man mit dem *X-Verfahren* bei bedecktem Himmel auch noch keine exakt zielgenauen Bombenabwürfe tätigen, aber durch das Leitstrahlverfahren wurden die Flugzeuge wenigstens so über den Zielraum geleitet, daß die Bomben in das Zielgebiet flogen und nicht weit außerhalb landeten. Gegenüber den bisher nur nach Navigation erfolgten Bombenabwürfen ins Leere war das *X-Verfahren* ein großer Fortschritt.

Die *Kampfgruppe 100* wurde während der immer gefährlicher werdenden Kampfeinsätze auf allen Kriegsschauplätzen fast völlig aufgerieben. Diese Ausfälle waren nicht mehr allein durch Zuführung längerfristig ausgebildeter junger Besatzungen zu beheben. In einem solchen Fall führte man dem Geschwader nicht mehr neue Besatzungen zu, sondern löste den Verband auf und schuf ihn komplett neu. Das Geschwader wurde Ende 1941 neu aufgestellt und am 15. Dezember 1941 in Kampfgeschwader 100 *Wiking* umbenannt.

Auch die folgende Zeit ging an dem in ständigem Feindeinsatz befindlichen Geschwader nicht spurlos vorüber. So mußte die II. und III. Gruppe des Geschwaders nach einiger Zeit neu aufgestellt werden. Im Frühjahr 1943 erhielten die II. und III. Gruppe des KG 100 den sehr modernen Flugzeugtyp Do 217 K, der mit zwei 14-Zylinder-Doppelstern-motoren *(BMW 801)* ausgestattet war. Die Startleistung pro Motor betrug 1.800 bis 2.000 PS. Dieser neue Flugzeugtyp war erforderlich, um die strenggeheimen Fernlenkbomben, mit denen die beiden Gruppen jetzt ausgestattet wurden, aufnehmen und gezielt abwerfen zu können. Es war für alle Besatzungen eine Sensation, diese Wunderwaffen kennen zu lernen. Die I. Gruppe des KG 100 flog weiterhin die He 111 im klassischen Bomben-Einsatz in Russland. *(Diese Kameraden haben wir während des ganzen Kriegseinsatzes nicht ein einziges Mal gesehen und somit niemals persönlich kennen gelernt.)*

Idealen folgen...

Als ich im Herbst 1940 im Ratsgymnasium in Bielefeld im Alter von 16 Jahren die Schulbank drückte, faszinierten mich die Erfolge unserer Luftwaffe in der Schlacht um England. Täglich gingen neue Nachrichten über die bekannten Jagdflieger-Idole Galland und Mölders und ständig neuer Fliegerhelden ein. Adolf Galland und Werner Mölders waren im Herbst 1940 die ersten beiden Jagdflieger-Asse, die während der Luftschlacht um England durch überragende Abschußzahlen auf sich aufmerksam machten und als erste Piloten das Ritterkreuz erhielten. Die Erfolge der beiden Jagdflieger hielten an, und ihnen wurde in relativ kurzen Abständen das Eichenlaub zum Ritterkreuz, das Eichenlaub mit Schwertern, dann das Eichenlaub mit Schwertern und Brillanten verliehen. Was mich aber noch mehr in seinen Bann zog, waren die im Verband fliegenden Bomber, die gegen England flogen – was immer wieder in den Wochenschauen der Kinos vorgeführt wurde. Man zeigte uns auch sehr häufig Aufnahmen, wie die Besatzungen in den Flugzeugen arbeiteten und wie die Piloten ihre Maschinen steuerten. Alles das ergriff mich als jungen Menschen dermaßen, daß in mir der geradezu unbändige Wunsch reifte, auch einmal einen solchen Bomber fliegen zu können.

Im weiteren Verlauf des Krieges mit seinen immer neuen deutschen Erfolgen wurde bei mir aus dem Wunsch eine Vision. In den Bielefelder Tageszeitungen erschienen nun wiederholt Anzeigen, in denen Bewerber für die aktive Offizierslaufbahn und Pilotenausbildung bei der Luftwaffe gesucht wurden. Hier wollte ich mich schnellstens bewerben, benötigte dazu aber die Genehmigung meiner Eltern. Doch die konnten sich nur sehr schwer mit dem Gedanken abfinden, ihr einziges Kind vielleicht schon früh bei einer so lebensgefährlichen Aufgabe zu verlieren, denn ich hatte gerade erst am 2. Februar 1940 mein 16. Lebensjahr vollendet. Meine im höchsten Maße besorgte Mutter war gänzlich gegen meinen Wunsch, Pilot zu werden. Mein Vater hingegen sah die Angelegenheit realistischer. Er wußte genau, daß ich ohnehin in Kürze zum Kriegsdienst eingezogen werden würde und befürwortete deshalb, daß ich diesen Dienst bei jener Waffengattung ableisten sollte, die auch meinen Vorstellungen entsprach. Nach etlichen hitzigen Diskussionen meiner Eltern konnte mein Vater meine Mutter dann aber doch überzeugen, und beide waren letztlich einer Meinung und somit einverstanden. In meiner Schulklasse waren wir vier Jugendliche, die alle dasselbe Interesse hatten und denselben Wunsch hegten. Die anderen drei Klassenkameraden waren, weil sie eine Klasse wiederholt hatten, ein Jahr älter als ich, was damals viel ausmachte.

Für eine erfolgreiche Bewerbung mußte ich akribisch sämtliche Unterlagen lückenlos einreichen. Für den Familienstammbaum, den Arier-Nachweis und die vielen Unterschriften benötigte ich die Mithilfe meiner Eltern. Es setzte bei uns zuhause eine große Sucherei ein, viele Unterlagen wurden bis zur noch nicht weit zurückliegenden Konfirmation zusammengetragen – aber dafür hatte man keinen Arier-Nachweis benötigt, der jetzt am schwierigsten lückenlos zu beschaffen war. Irgendwann war die Bewerbung fertig und konnte endlich eingereicht werden. Jetzt erst begann die große Spannung. Meine Schulzeugnisse waren nicht gerade Spitze, aber ein guter Durchschnitt bei einem glatten Schulverlauf. Ich machte mir somit große Hoffnungen, bei der Pilotenschule angenommen zu werden. Trotzdem zehrten das Warten und die Ungewißheit weiterhin an meinen Nerven…

Eines Tages, Anfang 1941, kam die erlösende Nachricht, mit der ich zur Eignungsprüfung nach Hannover, in die Escherstraße 12, zur Annahmestelle für Offiziersbewerber der deutschen Luftwaffe, eingeladen wurde. Ich empfand große Freude über den Erfolg meiner ersten Etappe. Doch die Zeit arbeitete gegen mich, denn mit dem Verstreichen der Wochen und Monate schwand das Gefühl der Freude, und eine beklemmende Ungewißheit über das weitere Geschehen erweckte in mir ernste Sorgen, denn der Termin für Hannover lag ja noch in weiter Ferne – wenn er doch endlich kommen würde! Als er sich dann aber näherte, wuchs mit jedem Tag die Sorge, was mich dort wohl erwarten würde. Ich hatte die ganze Zeit lang keine Gelegenheit gehabt, mit jemandem zu sprechen, der diese 3-tägige Prüfung selbst miterlebt hatte.

In der zweiten Februar-Hälfte war es dann endlich so weit. Ich fuhr allein mit dem Zug dorthin, denn meine drei Klassenkameraden hatten andere Termine genannt bekommen. In der Prüfungsstelle wurde ich freundlich begrüßt und in einen Warteraum geführt, in dem bereits fünf weitere Bewerber saßen. Hier fiel eine erste schwere Last von mir. Die Gespräche mit den anderen Probanten stärkten mein Selbstbewußtsein und erzeugten eine gewisse Gelassenheit.

In den nächsten Tagen wurden wir in Literatur, Allgemeinbildung, Kommandosprache, Turnen und Tischsitten, vor allem aber am Reaktionsprüfgerät getestet. Danach gab es für mich nicht den geringsten Anhaltspunkt dafür, wie ich wohl abgeschnitten hatte. Nur beim Turnen, das ich wegen meiner Größe eigentlich am schlechtesten konnte, wußte ich, daß ich mit einer tadellosen Schwungstemme und Grätsche am Reck sehr eindrucksvoll war.

Nach drei Tagen durften wir ohne ein erklärtes Resultat oder irgendeine Entscheidung wieder abreisen – mit dem Hinweis, daß wir über das Prüfergebnis schriftlich benachrichtigt werden würden. Ich befand mich im Grunde in derselben Situation, wie vor dem Eignungstest in Hannover, und die Spannung wurde fast unerträglich.

Erst Ende März 1941 erhielt ich das erlösende Schreiben. Ich wurde für den 15. Mai 1941, gerade erst 17-jährig, zum Fliegerausbildungsregiment 22 nach Güstrow in Mecklenburg einberufen. Der Reichsarbeitsdienst wurde uns freiwilligen Offiziersbewerbern erspart. Das Mindestalter für unsere Einberufung betrug 17 Jahre. Wir hatten das Glück, daß unser Schuldirektor unsere Pläne derart unterstützte, indem er uns bereits Ostern 1941, ein Jahr vor dem regulären Abitur, das Zeugnis ausstellte, das ein Studium ermöglichte. Meine drei Klassenkameraden wurden in andere Orte eingezogen – und kamen alle bereits bei ihrer Flugzeugführerausbildung ums Leben. Mir ging diese Nachricht sehr nahe, und ich beschäftigte mich daraufhin mit der brennenden Frage, wie hoch eigentlich der Verlust an Menschen schon während dieser Flugausbildung war. Wenige Monate später sollte ich erfahren, wie schnell so etwas geschehen kann, denn ich wäre während meiner Ausbildung beinahe selbst tödlich verunglückt…

Die militärische Grundausbildung

Am 15. Mai 1941 traf ich in Güstrow ein. Ich hatte einen leeren Pappkarton mitgebracht, in dem ich dann, nachdem ich meine Uniform erhalten hatte, meine Zivilkleidung wieder nach Hause zurückschicken konnte. Die Aushändigung meiner Uniform hatte nichts Erhabenes, denn man warf sie mir in der Bekleidungskammer einfach nur in die Arme.

Die reguläre Ausbildung hatte bereits am l. Mai begonnen, so daß wir Offiziersbewerber zu zweit auf bereits bestehende, feste Stubengemeinschaften zu jeweils 10 Soldaten mit 2-etagigen Holzbetten aufgeteilt wurden. Hier erfolgte der Empfang mehr mit demoralisierendem Hohn als mit Sympathie. Die bereits dienenden Soldaten standen den jungen Offiziersanwärtern immer sehr skeptisch gegenüber. Sie mochten sie nicht, weil sie meinten, daß die angehenden Offiziere sich für etwas Besseres hielten. Hier bot sich ihnen die letzte Gelegenheit, sie noch einmal ordentlich zu schikanieren.

Innerhalb der sogenannten Stube hatte sich der Stubengefreite, der bereits ein kleiner Gott war, mit einem Vorhang eine kleine Ecke abgeteilt. Plötzlich flogen Stiefel über den Vorhang in die Stube und der Stubengefreite rief einen Namen für denjenigen Rekruten, der die Stiefel zu putzen hatte. Natürlich hatte auch einer der Neuen am ersten Abend Stubendienst, so mußte *ich* die Stube an diesem Abend beim UvD *(Unteroffizier vom Dienst)* während seines Durchgangs abmelden. Der UvD fand in einem der Spinde in einer Tasse noch einen Kaffee-Rest, den er mir unvermittelt ins Gesicht schüttete, worüber ich mich natürlich hätte beschweren können. Aber wer beschwert sich gleich am ersten Tag, wenn er Offizier werden will...? Nicht aufmüpfige Duckmäuserei sondern Disziplin und Selbstbeherrschung waren gefragt, wenn man diese schikanöse und bis an die Grenze der körperlichen Leistungsfähigkeit gehende Grundausbildung, die aus Exerzieren, Unterricht, Reinigungsarbeiten, Ausmärschen, Schießen und ständigen Appellen bestand, überstehen wollte.

Bei diesem enttäuschenden Beginn meiner Ausbildung hatte ich überaus große Schwierigkeiten, alles durchzustehen. Von einem akklimatisierenden Einleben konnte absolut keine Rede sein. Der drastische Unterschied für einen jungen Menschen von höherer Schule und aus gutem Elternhaus in diese erschreckende Drillhorde, die keinerlei Spielraum für ein individuelles Eigenleben zuließ, war dramatisch. Wie leicht man in diesem Metier anecken konnte, erlebte ich schon bald:

Eines Tages sprach ich einen Unteroffizier mit *Sie* an, worauf er ärgerlich entgegnete: „*Sie* ist eine Hure, die vorm Bahnhof steht und Pariser verkauft!"

Der Herr wollte in der Dritten Person angesprochen werden. Es mußte heißen: „Haben Herr Unteroffizier..."

Ich hatte große Schwierigkeiten, mich an diese antiquierte und unterwürfige Anrede zu gewöhnen.

Unter der Leitung von Leutnant Peltner fand kurz darauf für die ganze Kompanie Offiziersunterricht mit dem Thema *Festnahme und Waffengebrauch* statt. Während dieses Unterrichts meldete ich mich zu Wort, um ebenfalls etwas zu diesem Thema beizutragen. Der Leutnant ließ mich gar nicht erst ausreden, sondern verwies mich aus dem Unterrichtsraum. *(Bis heute ist mir unverständlich geblieben, was ihn derart aufgeregt hatte, mich hinauszuweisen).* Ich ging in meine Stube und wartete ängstlich, was nun wohl folgen würde. Man mußte nicht selten mit derart frustrierenden Aktionen fertig werden. Diese hatte jedoch keinerlei weitere Folgen. Nur Feldwebel Mischke sprach mir ein paar tröstende Worte zu. Bei mir kam unter diesen Umständen etwas Heimweh auf, das aber schnell wieder verflog, wenn ich an meine Schule dachte, denn dorthin wollte ich auf gar keinen Fall zurück.

In dieser Art verlief die Grundausbildung in den nächsten Wochen, bis das ganze Ausbildungsregiment Mitte Juni 1941 in einem äußerst umfangreichen Eisenbahntransport nach Gent in Belgien verlegt wurde. Während des Transports sah ich erstmals die von Bomben stark zerstörten Städte Essen und Köln – ein Anblick, der mich tief beeindruckte. Ich hatte vorher schon von den gewaltigen Zerstörungen durch Bombenangriffe im Radio gehört, es nun aber in ihren ganzen dramatischen Ausmaßen zu sehen, war gleichermaßen überwältigend wie bedrückend, denn es kamen mir schon jetzt ernste Gedanken, was uns in diesem Krieg noch alles bevorstehen könnte...

Als wir die zerbombten Städte hinter uns gelassen hatten, wurden wir wieder lockerer, denn die langweilige Bahnfahrt war eine sehr angenehme Unterbrechung unseres harten Drills. Beim Ausladen in Gent fiel ich gleich wieder bei unserem Leutnant Peltner auf. Er beanstandete, daß er mich immer wieder beim Gehen beobachte, ohne dabei etwas zu tragen. Sachlich erklärte ich ihm, daß ich ein Teil, das ich ausgeladen hatte, wohl nicht wieder in den Waggon zurücktragen könnte, und so ergäbe es sich, daß ich immer eine Strecke „leer" gehen müsse. Diese Aussage brachte mir einen scharfen Verweis ein. Sowohl eindrucksvoll wie nachhaltig hatte ich nun erfahren, daß man sich mit einem Vorgesetzten niemals in eine Diskussion einlassen durfte.

Die Aversion dieses Leutnants gegen mich wurde durch ständige kleinere oder größere Schikanen zunehmend bedrückend. Glücklicherweise mochte mich Feldwebel Mischke, der mir half, das schikanöse Verhalten meines Vorgesetzten die nächsten Wochen zu überstehen. Bei allen Widrigkeiten, die ich mit Leutnant Peltner zu durchstehen hatte, stand gelegentlich auch das Glück auf meiner Seite.

Zufällig war mein Vater, im Rang eines Leutnants, nur 14 Kilometer von Gent, in Oudenarde, stationiert. Er besuchte mich während meiner schweren Mittelohrentzündung *(Trommelfelldurchstoß)* in Gent. Ich erzählte ihm von den Schikanen des Leutnants Peltner, und mein Vater sprach mit ihm. Der Leutnant behauptete, ich hätte mich beim Ausladen vor der Arbeit gedrückt – was aber nicht der Wahrheit entsprach. Nach meiner Rückkehr aus dem Krankenrevier habe ich Leutnant Peltner nie wieder gesehen. Er war noch während meiner Krankheit vom Regiments-Kommandeur abgelöst worden, weil er seine Soldaten bei 30° Wärme einen 10-Kilometer-Lauf hatte durchführen lassen. Für mich war das eine glückliche Wendung. Es ist mir auch noch in sehr angenehmer Erinnerung, daß ich meinen Vater einmal in Oudenarde besuchen durfte. Ich wurde mit einem Auto abgeholt und wieder zurückgebracht.

Wir waren eine Woche in den Baracken des Waldlagers Mariakerk bei Gent, als morgens im Radio über das ganze Lager hinweg laute heroische Musik erklang. Wir erfuhren sehr bald den Anlaß zu so viel Euphorie: Deutschland hatte ohne Kriegserklärung Rußland überfallen und befand sich mit einer gewaltigen Streitmacht im stetigen Vormarsch ins Landesinnere. Es kamen mir sehr zwiespältige Gedanken. Wie sollten wir mit unseren Soldaten diesen gewaltigen Raum bewältigen? Geblendet von den bisherigen Erfolgen, lebten wir noch in dem naiven Glauben, daß unser „Führer" genau wußte, was er tat. Dieses bedingungslose Vertrauen bei der Masse der Deutschen trieb uns weiter ins Unglück.

Während dieser Zeit in Gent wurden wir Fahnenjunker des ganzen Regiments mehrfach zu einer Spezialveranstaltung unter Major Dierich zusammengezogen. Diese „Regierungserklärungen", wie Dierich sie nannte, sollten uns auf einen Speziallehrgang im Rahmen der Grundausbildung in einer vom ihm geführten Fahnenjunker-Kompanie vorbereiten. Schon während dieser „Regierungserklärungen", die mit sehr viel Nachdruck und in einschüchternder Kommandosprache durchgeführt wurden, konnte einem ernste Sorge bereiten, was uns bei diesem 12-wöchigen Durchhalte-Lehrgang wohl alles bevorstehen werde.

Dieser „Auslese-Lehrgang" begann am 15. Juli 1941 und war in seiner besonders schikanösen Art deshalb veranstaltet worden, um uns Fahnenjunker auf die Offizierseignung hin zu prüfen. Es gab nur Kadavergehorsam, keinerlei Widerworte, und jeder Gang außerhalb der Stube mußte ausschließlich im Laufschritt ausgeführt werden. Hier spürten wir sehr schnell, was uns auf diesem Lehrgang erwarten würde. Offiziere und Unteroffiziere waren harte, kompromißlose Vorgesetzte, deren Härte oft an Unmenschlichkeit grenzte. *(Erst während der späteren militärischen Ereignisse erkannte man den Sinn dieser harten Ausbildung für Offiziere.)*

Unser Leutnant Simon stellte sich mehrfach vor die Kompanie und schrie aus voller Kehle: „Fahnenjunker sind zäh wie Leder, hart wie Kruppstahl und flink wie die Windhunde!"

Sah er einen Fahnenjunker, der sich normal gehend über den Kasernenhof bewegte, schrie er ihn an: „Laufen Sie!"

Eines Tages ließ Major Dierich die Kompanie antreten und verkündete uns, die wir im Stillgestanden zuhören mußten: „Ich bestrafe hiermit den Fahnenjunker-Flieger Schwab mit drei Tagen Arrest, weil er in einem Brief an seine Eltern die Launen seines Kompaniechefs mit April-Wetter verglich".

Dem Kompaniechef war es gemäß der Vorschriften zwar verboten, die Post seiner Soldaten zu öffnen, aber die Geheimhaltungspflicht ließ diesbezüglich Spielräume zu. Dieses Öffnen der Post war eine weitere gemeine Schikane, denn es gab hier für uns keinerlei zu verratende Geheimnisse. Hätte aber irgendwer Major Dierich wegen seiner Verletzung des Postgeheimnisses zur Rechenschaft ziehen lassen, konnte Dierich sich auf eine pflichtgemäße Überprüfung und somit Wahrung der militärischen Geheimhaltung berufen und wäre rehabilitiert gewesen – und die ihn denunzierende Person niemals Offizier geworden.

Der Tagesablauf in dieser Elite-Kompanie war natürlich erheblich anspruchsvoller und anstrengender, um nicht zu sagen schikanöser, als bei der vorausgegangenen Grundausbildung. Wecken war grundsätzlich um 5:00 Uhr; und freitags, wegen des Schießdienstes, schon um 4:00 Uhr. Der Dienst begann mit einem langwierigen Frühsport – natürlich *vor* dem Frühstück. Anschließend fand irgendein Appell statt *(Waffenappell, Bekleidungsappell, Stubenappell oder Spindappell).* Vormittags ging es dann zum Exerzieren mit Geländeübungen – ein Grauen für jeden Fahnenjunker. Der Exerzier- und Geländedienst war reine Schleiferei bis zur Erschöpfung. Alles geschah im Laufschritt und mit ständigem Wechsel zwischen Hinlegen und Aufspringen. Wer nicht durchhalten konnte, wurde diffamiert und, wenn er noch einmal „schlapp machte", ihm die Eignung zum Offizier, abgesprochen.

Angeblich waren die Kameraden nicht in der Lage, den inneren Schweinehund zu überwinden. Diesen inneren Schweinehund mußte ich täglich in doppelter Hinsicht bekämpfen. Einmal, um den Strapazen standzuhalten und nicht „schlapp zu machen", zweitens, den Vorgesetzten nicht anzugehen, wenn ich ihn im Schweiße meines Angesichts, grinsend, den Daumen nach unten oder nach oben haltend, vor mir stehen sah *(Daumen nach unten, bedeutete hinlegen, und nach oben, aufstehen).* Die Vorgesetzten waren selbst zu bequem, die Kommandos auszurufen, und bedienten sich dieser aufreizenden Zeichensprache, die uns empörte und wütend machte. *(Ich hatte nie geglaubt, daß in einem Fliegerausbildungsregiment eine derartige Schleiferei jemals möglich sein könnte.)* Freitags erfolgte nach einem langen, beschwerlichen Anmarsch der Schießdienst, wobei schlechte Schießergebnisse immer irgendwelche negativen Konsequenzen nach sich zogen. Ganz besonders gefürchtet waren die sogenannten „Maskenbälle", die bei keiner Grundausbildung fehlten.

So wurden wir des nachts plötzlich geweckt, und der Unteroffizier schrie in den langen, hallenden Flur: „In zwei Minuten im Ausgehanzug antreten!"

Als wir dann alle im Flur angetreten waren, ging er in die Stuben und kontrollierte die Spinde. War einer nicht verschlossen, kippte er ihn so steil nach vorne, daß sämtliche Dinge herausfielen.

Dann hieß es: „Im Drillichanzug antreten!"

Kurz darauf: "Feldmarschmäßig antreten!"

Bei jeder Aktion erfolgte die Kontrolle unserer Spinde. Unter diesen extremen Bedingungen wurden uns die 12 Wochen sehr lang, und wir sehnten das Ende herbei. Als Ausgleich für diese unmenschliche Schinderei führte Major Dierich mit uns drei unvergeßliche Exkursionen durch – nach Brügge, zu den Schlachtfeldern von 1914/18, und als krönender Abschluß, drei Tage nach Paris. Jedoch durften einige Kameraden, die unangenehm aufgefallen waren, nicht mitreisen. Obwohl noch nachhaltig benommen von der harten Ausbildung, haben wir diese unerwarteten Ausflüge dennoch sehr genossen. In Paris bekamen wir jungen Männer auch etwas zu sehen, das für uns völlig neu war...

Am 30. September 1941 wurden die Angehörigen der gesamten Kompanie per Bahn zu den Luftkriegschulen Berlin-Gatow, Werder/ Havel bei Potsdam und Fürstenfeldbruck bei München verlegt. Ich war froh, diese fürchterlichen Wochen erfolgreich überstanden zu haben. Es gab allerdings auch Kameraden, die nicht so glücklich waren, denn sie hatten den Lehrgang nicht bestanden, und für sie war die ganze Schin-derei umsonst gewesen. *(Was später aus ihnen wurde, habe ich niemals erfahren.)*

Bei unserer Abfahrt stand Major Dierich salutierend und mit Tränen in den Augen am Bahnsteig. Wie er sagte, hatte er nie zuvor eine derart disziplinierte Truppe gehabt. Wenn diese Kompanie, der Major Dierich hoch zu Roß voranritt, im Paradeschritt durch Gent marschierte, wurden die Fenster aufgerissen, und die Bevölkerung sah uns zu. Obwohl wir hier als Besatzer eines neutralen Landes nicht gern gesehen waren, schien es wie ein Wunder, daß unsere Truppe eine derartige Begeisterung auslösen konnte. Trotz aller Schinderei waren wir stolz, einer solchen Kompanie angehört zu haben – wir waren aber auch erleichtert, daß der bis an die Leistungsgrenze gehende Drill nun ein Ende hatte. Als stolzer, zum Fahnenjunker-Gefreiten beförderter Luftwaffensoldat verließ ich Gent und freute mich auf die Luftkriegschule 2 in Berlin-Gatow. Nach Berlin zu kommen, war für mich eine besondere Freude, denn meine Mutter war Berlinerin, und wir hatten dadurch eine enge Beziehung zu dieser Stadt, was ich dann während des Kriegsschuljahres als sehr begünstigend empfand.

Ein Jahr Luftkriegschule

In Gatow, am Stadtrand von Berlin, auf der Westseite des Wannsees, lag die Luftkriegschule 2 mit ihren hübschen Gebäuden, die von Generalmajor Funcke geleitet wurde. Hier vollzog sich ebenfalls alles streng militärisch, aber etwas ruhiger. Es erwartete uns eine völlig neue Welt. In Aufsichten *(Züge)* eingeteilt, erhielten wir eine umfassende Ausbildung zum Offizier und Flugzeugführer bis zum Kunst- und B2-Flugschein. Die Bezeichnung *Aufsicht*, statt normalerweise *Zug*, wurde für die Kriegsschule deshalb gewählt, weil man diese Ausbildungsstätte ausschließlich für Offiziere von den regulären Truppengliederungsbezeichnungen abgrenzen wollte. Der Begriff *Aufsicht* sagte bezüglich der Spezialausbildung zum Offizier auch viel mehr aus als *Zug*. Schließlich wurde eine Aufsicht meistens von einem Hauptmann geführt, was dienstgradmäßig dem erhöhten Anspruch dieser Ausbildungseinheit entsprach, denn bei einem Zug wäre es ein Leutnant gewesen. Meine Aufsicht wurde von Hauptmann Vosskamp geführt. Die militärische Weiterbildung erfolgte hier ohne Schikanen und Schinderei und nur mit Anstrengungen im lediglich erforderlichen Rahmen. Der Exerzier- und Schießdienst waren für mich lästige militärische Notwendigkeiten. Mein ganzes Sinnen galt ausschließlich dem Flugdienst. Jetzt hatte ich fünf lange Monate dieser menschenverachtenden Grundausbildung überstanden und wollte nun endlich mit dem beginnen, weshalb ich überhaupt hierher gegangen war...

Vor Beginn der fliegerischen Ausbildung wurden wir über die einzelnen Ausbildungsstufen informiert. Die fliegerische Ausbildung auf der Kriegsschule war die sogenannte A/B-Ausbildung. Diese Bezeichnung basierte auf den einzelnen Ausbildungsstufen während des Kriegsschuljahrs. Die einzelnen Klassen waren die A1-, A2-, B1-, B2- und die Kunstflug-Scheine 1 und 2. Die Klassenunterschiede ergaben sich bei A/B aus der Größe und des Gewichts der Schulflugzeuge. Nun konnte ich es kaum noch erwarten, daß die Flugausbildung endlich begann.

Eines Tages war es dann so weit: Wir wurden zum Flugplatz gefahren und unseren Fluglehrern zugeteilt. Ich kam zu Oberfeldwebel Köppler, ein gesetzter Herr in mittleren Jahren. Köppler wies uns am Boden kurz ein, wie wir uns während der Schulflüge und auf dem Platz zu verhalten hätten, dann begann schon bald die so lange ersehnte Praxis. Köppler startete mit mir zu einer ersten Platzrunde. Er saß vorn, ich hinten. Wir flogen mit dem Doppeldecker-Flugzeugtyp FW *(Focke-Wulf)* 44 *(A2)*, in Fachkreisen nur *Stieglitz* genannt. Neben dem besonderen Eindruck eines Erstflugs war es für mich ohnehin ein völlig neues, ungewohntes Gefühl. Aufmerksam blickte ich nach unten, suchte und suchte, konnte aber den Flugplatz nicht wiederfinden. Das kann ja heiter werden, dachte ich, wenn ein Flieger seinen Start- und Landeplatz nicht wiederfinden kann, merkte aber bald, daß es sich hier nur um typische

Anfangsschwierigkeiten handelte, die mit zunehmender Übung immer mehr verflogen. Der *Stieglitz* hatte als A2-Maschine der leichten Klasse einen Siemens-7-Zylinder-Sternmotor.

Neben der Bücker-Jungmann mit Reihenmotor war der *Stieglitz* das typische Flugzeugmodell für den Anfänger der A/B-Schulung. Oberfeldwebel Köppler und ich flogen, sofern es das Wetter zuließ, fast drei Monate lang, Platzrunde für Platzrunde, wobei ich immer mehr Gefühl für die Fliegerei erlangte und mich zunehmend sicherer fühlte.

Die Platzrunde war die einfachste und effektivste Übungsmethode. Ich startete, ging auf etwa 200 Meter Höhe, flog eine 90°-Linkskurve, dann ein kleines Stück geradeaus und wieder eine 90°-Linkskurve *(Gegenkurs zum Startkurs)*, nach einem etwas längeren Geradeausflug wieder eine 90°-Linkskurve, ein kleines Stück geradeaus und dann die letzte 90°-Linkskurve. Nun war ich auf Landeanflugkurs. Nach 20 Platzrunden hob der Lehrer gelegentlich während des Flugs seine Arme, was für mich bedeutete, daß ich jetzt die Maschine allein in der Luft zu steuern hatte. Wenn das mehrmals nicht korrekt ausgeführt wurde, weil mich zunächst ein Schreck durchfuhr, da nun ganz unerwartet die Maschine von mir allein gesteuert werden sollte, jagte der Lehrer mich nach der Landung schon mal am Platzrand aus dem Flugzeug und ließ mich in der schweren Winterfellkombination zu Fuß zum Startplatz zurücklaufen. Die Fluglehrer konnten es *(verständlicherweise)* nicht ertragen, wenn sich ein Flugschüler übermäßig ungeschickt verhielt. Viel schwieriger wurde es dann, als ich nach annähernd fünfzig Starts mit meinem Lehrer die Landung immer häufiger allein durchführen mußte. Da gab es natürlich auch manche „Holperlandung". Manchmal mußte der Lehrer sogar kurz vor dem Aufsetzen selbst eingreifen. So sehr ich mich auf die fliegerische Ausbildung gefreut hatte, stellte ich nun fest, daß ich mich in einem ständigen Konflikt zwischen Erfolg, Mißerfolg und Leistungsdruck befand. Was sich während der Grundausbildung als physisches Problem auswirkte, wurde hier zu psychischen Problemen. Die Freude am Fliegen blieb dennoch uneingeschränkt, aber sie war durchsetzt von der ständigen Sorge darüber, ob ich auch allen Anforderungen gerecht werden konnte...

Jeder Schüler benötigte seine Zeit, bis der Lehrer ihn für alleinflugfähig hielt, was dann endlich nach etwa sechzig Starts der Fall war. Der erste Alleinflug war für mich ein großes, neues Kapitel. Ich empfand zwar kein Gefühl der Unsicherheit, aber es war für mich jetzt ein ganz neuer, unbeschreiblicher Eindruck. Wenn ich Erfolg haben und alles heil überstehen wollte, mußte ich fehlerfrei agieren. Ich mußte jegliche psychische Beklemmung verdrängen, durfte nicht ängstlich sein, jetzt zum ersten Mal allein in dem Flugzeug zu sitzen und ausschließlich selbständig zu entscheiden, ohne daß der Lehrer im letzten Moment noch helfen konnte... Es war aber auch ein ganz besonderes Glücksgefühl der Freiheit, hier oben erstmals ganz allein über die Landschaft und Häuser zu fliegen. Viel Zeit für derartige Gedanken blieb mir nach dem gelungenen Start zu meiner ersten Solo-Platzrunde dann allerdings nicht. Bei allem Stolz, über den Häusern allein in der Luft zu schweben, mußte ich bald auch wieder herunterkommen, mich also auf die erste Alleinlandung vorbereiten, was zweifellos für mich der Höhepunkt des ungewohnten Fluges ohne Lehrer war.

Als ich nach der letzten Kurve in die Landebahn einschwebte, mußte ich zeigen, was ich gelernt hatte – mit dem Wissen, von unten ganz genau beobachtet zu werden. Mit der richtigen Geschwindigkeit *(ungefähr 100 km/h)* anschweben, das Landekreuz *(Aufsetzpunkt)* beobachten, dann die Höhe abschätzen und in der Endphase des Sinkflugs den Steuerknüppel langsam anziehen und warten, bis die Maschine so sanft wie möglich mit den Rädern und dem Spornrad *(dem kleinen Hinterrad)* gleichzeitig sanft aufsetzte *(Dreipunktlandung)*...

Welch ungeheure Erleichterung – die erste Alleinlandung war mir gut gelungen! Ich spürte, daß ich es beherrsche, und war stolz, diese erste große Hürde überwunden zu haben. *(Heute freue ich mich ganz besonders darüber, daß dieses Flugzeugmodell in jenem Luftfahrt-Museum steht, in dem ich Besucherführungen leite. Es ist für mich immer wieder ein schöner Moment, wenn ich meinen Zuhörern während der Führung den „Stieglitz" zeigen kann, auf dem ich als 17-jähriger im Dezember 1941 in Berlin-Gatow meinen ersten Alleinflug gut überstanden hatte.)*

Aber es gab dennoch immer wieder Enttäuschungen, denn bei späteren Landungen war auch manche Holperei dabei. Mir wurde bewußt, daß ich noch lange nicht über die notwendige Routine verfügte und noch ordentlich üben mußte. Mein Fluglehrer baute mich nach derartigen Enttäuschungen immer wieder auf, indem er mir erklärte, daß es ganz normal sei, im weiteren Verlauf zunächst einige schlechte Landungen auszuführen. Bei einer solchen Holperlandung ging das Flugzeug zwar nicht gleich zu Bruch, aber ich spürte selbst, daß ich es wesentlich besser machen mußte – und ja auch konnte. Eine weitere schlechte Landung war eine, bei der ich weit vor oder hinter dem Landekreuz aufsetzte. Zwar wurde ich langsam immer sicherer bei der Landung, aber sie war und blieb immer die weitaus schwierigste Phase beim Fliegen, die immer wieder höchste Konzentration erforderte.

Nachdem ich im Lauf der Zeit die nötige Sicherheit bekommen hatte und der Alleinflug für mich als Schüler zur Selbstverständlichkeit wurde, durfte ich auch andere Flugzeugtypen der Klassen A1 und A2 fliegen, so auch den offenen Doppeldecker Bücker-Jungmann, den offenen Eindecker Klemm 35 oder als „besonderen Leckerbissen" die Bücker 181 als Eindecker-Kabinenmaschine mit zwei Sitzen nebeneinander. Diese geschlossene Kabinenmaschine war zwar nicht ganz so sportlich wie die offenen Flugzeuge, doch das interessierte uns in dieser Ausbildungsphase wenig. Die geschlossene Kabine vermittelte mir aber ein ganz besonderes Fluggefühl; es war ein Gefühl der Abgeschlossenheit von Motor- und Luftgeräuschen. Außerdem war es mit den zwei nebeneinander befindlichen Sitzen für uns ein ausgesprochener Luxus. Man fühlte sich beim Flug mit diesem Flugzeug in eine andere Welt versetzt.

Die private Bindung an Berlin während meiner Kriegsschulzeit genoß ich sehr. Meine Mutter besuchte mich oft mit meiner Bielefelder Freundin, so daß ich mich während des anstrengenden Dienstes in der Woche sehr oft auf ein angenehmes Wochenende freuen konnte…

Eines Tages stand ich vor der Kriegsschule und wartete auf den Autobus nach Berlin. Plötzlich hielt ein offener Mercedes neben mir, in dem Generalleutnant Schultz saß – der Kommandeur aller Kriegsschulen. Spontan nahm ich stramme Haltung an und salutierte.

„Wollen Sie nach Berlin", fragte er freundlich.

„Jawohl, Herr General!"

„Dann steigen Sie ein und fahren Sie mit mir."

„Gehorsamsten Dank, Herr General!"

Wegen der unvermittelten Situation noch immer etwas irritiert, stieg ich in den großen Wagen ein und durfte hinten Platz nehmen – neben dem General – und fühlte mich, obwohl nur Fähnrich, wie ein König. Mit dem General entwickelte sich schnell ein lockeres Gespräch über meine Herkunft, meine Pläne und meine Erlebnisse auf der Kriegsschule. Er erzählte über seine Tätigkeiten, was für mich äußerst interessant war. In der Stadt ließ er dann anhalten, und ich durfte aussteigen. Ich bedankte mich höflich und mit einem zackigen militärischen Gruß.

Im Rahmen der fliegerischen Ausbildung gab es auch ein sehr umfassendes Unterrichts-Programm, bestehend aus der Schulung betreffs des Verhaltens während des Flugdienstes auf dem Flugplatz, Navigationskunde, Wetterkunde, Flugzeug- und Motorentechnik sowie „fliegerische Zucht und Ordnung" nach § 92 des Flieger-Strafregisters, dem „Gebetbuch" jedes Piloten. Mit diesem Paragraphen war ich als Flieger ständig konfrontiert. Wenn mir beispielsweise ein Rollschaden unterlief, *(was mir einmal auf unserem Ausweichflugplatz Reinsdorf bei Berlin passierte)*, gab es einen Tatbericht *(die Anklageschrift für den Soldaten)*. Unter „Rollschaden" verstand man den Umstand, wenn der Pilot beim Rollen mit seiner Maschine auf dem Flugplatz gegen ein anderes Flugzeug stieß und dieses oder beide beschädigte. Da man durch die nach hinten geneigte Schräglage des Flugzeugs am Boden nach vorn kaum etwas sehen konnte, war ein Zusammenstoß beim Rollen sehr leicht möglich und kam nicht selten vor. Als mir einmal ein solcher Rollschaden unterlief, war ich stark betroffen, einen derartigen Fehler begangen zu haben, hatte ich mir doch die größte Mühe gegeben, unfallfrei zu rollen. Die äußerst schlechte Sicht nach vorn und eine kleine Unaufmerksamkeit waren mir zum Verhängnis geworden. Ähnlich erging es einem, wenn man eine Bruchlandung „produzierte". Einmal unterlief mir bei einem Flug einer dieser ganz „ungesetzlichen" Fehler, worauf glücklicherweise kein Tatbericht erfolgte. Bei einer Anzeige wäre ich degradiert worden, und meine fliegerische Laufbahn hätte ein jähes Ende gefunden...
Inzwischen hatte ich die Qualifikation für die Flugzeugklassen A1 und A2 erlangt; danach ging es nahtlos zur B1-Ausbildung über. Hier

änderte sich nur der etwas schwerere Flugzeugtyp, den ich fliegen durfte. Bei mir war es die Arado 66, ein zweisitziger offener Doppeldekker mit Reihenmotor. Starten und Landen wurden langsam alltäglich, so daß auf mich nun eine neue Ausbildungs-Herausforderung wartete: Der Überlandflug – allein.

Diese neue Ersterfahrung erfüllte mich wieder mit großer Spannung. Wir wurden als blutjunge Menschen ohne Unterbrechung von einem Ereignis in ein noch spannenderes gestürzt. Es war für mich ein bewegendes Erlebnis, als 17-jähriger allein mit einem Flugzeug über die Lande zu fliegen und auf einem mir völlig fremden Flugplatz zu landen. Ich war voller Aufregung; jetzt nur nichts vergessen und alles richtig machen! Ein solcher Überlandflug mußte sehr eingehend vorbereitet werden. In Zusammenarbeit mit der Flugleitung des Abflugplatzes legte ich auf der Karte zunächst meinen genauen Flugkurs fest. Für mich war es der Kurs nach Königsberg/Neumark, östlich der Oder, zirka 150 Kilometer von Gatow entfernt. Ganz wichtig war die Einholung des Flugwetters. Ich durfte als junger Flugschüler keinesfalls in ein Schlechtwettergebiet oder auch nur in eine Wolke kommen, denn ein Flug in Wolke wäre bereits ein Blindflug gewesen, worauf weder die Maschine instrumental noch ich als Pilot seitens der Ausbildung vorbereitet war. Ständige Erdsicht mußte für die Flugfreigabe durch die Flugleitung gewährleistet sein.

Endlich konnte ich zum Startplatz rollen und zum ersten Überlandflug starten. Schnell stieg ich auf annähernd 500 Meter Höhe, was mir eine gute Sicht ermöglichte, stellte meinen Kompaß auf Flugkurs und verfolgte mittels der Erdsicht die Flugstrecke. Bei einer Geschwindigkeit von zirka 150 km/h hatte ich meine ungefähre Flugzeit vorher errechnet. Es ging jetzt nur noch darum, richtig anzukommen und den Flugplatz zu finden, was bei der fremden Umgebung vielleicht nicht ganz leicht werden würde...

Nach einer Stunde Flugzeit tauchten am Horizont die Häuser von Königsberg auf. Bei einem derart kleinen Ort sieht ein Routinier natürlich sofort den Flugplatz. Bei mir dauerte das etwas länger, ich mußte erst ein bißchen suchen und war erleichtert, als ich den Flugplatz dann erkannte. Ich flog einmal um den Platz herum und sah das Landekreuz, das immer in jene Richtung weist, aus welcher der Wind kommt. Da die

Landung immer gegen den Wind erfolgt, wußte ich, von wo aus ich zur Landung einschweben mußte.

Nach der gelungenen Landung auf dem Zielflugplatz ging ich zur Flugleitung, bei der mein Flug selbstverständlich angemeldet war, und ließ ihn in mein Flugbuch eintragen. Für den Rückflug waren bei der Flugleitung dann die gleichen Formalitäten erforderlich wie beim Hinflug.

Am Heimatflugplatz freute sich dann der Fluglehrer, daß sein Schüler seinen ersten Allein-Überlandflug problemlos hinter sich gebracht hatte. Ich führte weitere Überlandflüge mit anderen B1-Flugzeugen zu verschiedenen Zielen durch – nach Dresden, Liegnitz oder Spremberg, die alle im Bereich von 150 bis 200 Kilometer von Berlin entfernt lagen. *(Ich wundere mich heute darüber, daß ich damals keine Angst hatte, nur mit einem Motor zu fliegen, denn wenn der einmal ausgesetzt hätte, wäre alles vorbei gewesen… Es wurde auch niemals darüber gesprochen, wie man sich in einer solchen Notsituation zu verhalten habe. Wir waren jung, besaßen einen grenzenlosen Idealismus und waren – in Ermangelung an entsprechend schlechten Erfahrungen – noch unerschrocken. Wir dachten gar nicht darüber nach, daß der Motor einmal aussetzen könnte – was während meiner gesamten Zeit als Pilot zum Glück niemals geschah.)*

Sobald ich auf den A2- und B1-Maschinen die nötige Sicherheit erlangt hatte, zeigte mir der Lehrer einige einfache Kunstflugübungen wie Looping rückwärts und Rückenflug. Als der Fluglehrer die Maschine plötzlich erstmals in die Rückenlage drehte und ich in die Anschnallgurte rutschte, durchfuhr mich ein großer Schreck. Die Anschnallgurte waren nie bis zum Äußersten gespannt, und man rutschte beim Rückenflug in den Anschnallspielraum – was beim ersten Mal diesen Schreck verursachte. Parallel dazu wurde ich weiterhin auf anderen B1-Maschinen wie Focke-Wulf 56 *Stösser (ein Hochdecker mit offenem Cockpit)* und auch auf B2-Maschinen wie Junkers W34 *(als Eindecker ein Ganzmetall-Kabinenflugzeug für zwei Piloten und vier bis fünf Fluggäste, ein Anfangsmodell der früheren „Lufthansa")* ausgebildet. Dazu kam die Focke-Wulf *Weihe* als zweimotorige Eindecker-Kabinenmaschine sowie die gleichgeartete französische Coudron. Diese schweren, häufig zweimotorigen B2-Maschinen stellten die absolute Spitze bei der

A/B-Ausbildung dar. Zwischen B1 zu B2 bestand schon ein erheblicher Unterschied. Ich wurde damit wieder neu gefordert, denn das Starten und besonders das Landen hatte mit diesen wesentlich schwereren Maschinen eine ganz andere Qualität. Diese Flugzeuge vermittelten mir das Gefühl, schon ein „kleines" Großflugzeug zu fliegen. Für mich war das die ideale Vorbereitung auf die schweren Flugzeugtypen der C-Schule. Auf diesen Typen wurden auch längere Überlandflüge durchgeführt, bei denen ich mir schon wie ein kleiner Flugkapitän vorkam. Die Spitze der A/B-Ausbildung war für mich das Erlernen der schwierigen Kunstflugfiguren wie Rolle und Turn *(Maschine steil hochziehen und im Scheitelpunkt 180° über die Tragfläche nach links abkippen)*. Für diesen Kunstflug war die schnelle Arado 96 *(einmotorig, offen)* besonders beliebt. Diese Figuren flog ich zunächst mit Lehrer. Danach ließ man mich allein eine Kunstflug-Kür mit allen erlernten Elementen in zirka 1.000 Meter Höhe fliegen. Der Lehrer stand unten und beurteilte die Leistung, die bei Erfolg mit der Erlangung des Kunstflugscheines gekrönt wurde. Ich war jetzt nicht nur glücklich, sondern auch erleichtert, diese A/B-Ausbildung erfolgreich abgeschlossen zu haben, wie ich meinte. Doch darin hatte ich mich geirrt, denn es erfolgte noch die Krönung dieser Ausbildung – der Nachtflug, der auf unserem Außenflugplatz bei Reinsdorf durchgeführt wurde.

Der Nachtflug stellte wieder ganz neue Anforderungen an uns Flugschüler. Wenn ich inzwischen auch stolz auf meine Leistungen war und schon glaubte, ein sicherer Pilot zu sein, so trat beim Nachtflug Unsicherheitskomponente auf, die man als Schüler wie einen „inneren Schweinehund" immer wieder überwinden mußte. Der Nachtflug war aus mehreren Gründen schwierig. Einerseits weil der Horizont fehlte *(weshalb es heute auf allen Flughäfen den sogenannten künstlichen Horizont gibt – eine Lichterreihe, die wie ein Horizont in der Nähe des Flugplatzes zwei- oder dreimal in bestimmten Abständen am Boden auf Gestellen angebracht ist)*. Aus Sicherheitsgründen waren die Flugplätze bei kriegsmäßiger Landung nur sehr schwach beleuchtet, und der künstliche Horizont fehlte ganz. Es war schwierig, beim Einschweben zur Landung die richtige Höhe zum Aufsetzen abzuschätzen. Die meisten Nachtflüge wurden auf der ohnehin nicht angenehm zu fliegenden B2-Maschine Junkers W 34 durchgeführt. Bisher war ich an alle Anforderungen der fliegerischen Ausbildung mit Zuversicht und Selbstvertrauen herangegangen, aber vor der W 34 hatte ich riesigen Respekt. Es war aber besser, wenn man sich damals davon nichts anmerken ließ. So absolvierte ich meine schwierigen Platzrunden bei Nacht gerade mal schlecht und recht. *(Danach habe ich mit diesem Flugzeugtyp nie wieder einen Nachtflug erlebt. Später, auf der dreimotorigen Ju-Junkers-52 waren die Flüge bei Nacht wesentlich unkomplizierter.)*

Während des Kriegsschuljahres wurden wir zweimal in der Berliner Charité auf Höhentauglichkeit untersucht. Dazu mußten wir unter einer Atemmaske Luft einatmen, die der dünnen Luft in 10.000 Metern Höhe entsprach. Dabei ließ man uns irgendwelche Texte schreiben. Zunächst war die Schrift ganz klar, wurde dann aber wegen des Sauerstoffmangels immer krakeliger, bis zur Unlesbarkeit. In diesem Moment wurde die Maske mit einer anderen vertauscht, durch die man reinen Sauerstoff einatmen konnte – die sogenannte Sauerstoffdusche. Man kam dann schnell wieder zu sich. Es wurde auch gemessen und gewertet, wie lange ein Proband in der Verfassung war, unter der sauerstoffarmen Maske zu schreiben.

Wenn auch die fliegerische Ausbildung in der Kriegsschule im Mittelpunkt stand, so wurden die militärischen Unterrichtsfächer Exerzieren, Sport und Schießen nicht vernachlässigt und sogar die Gesellschaftsfähigkeit in der Tanzstunde geübt.

Am 1. Oktober 1941 war ich als Fahnenjunker-Gefreiter zur Kriegsschule gekommen. Während der dortigen Ausbildung waren wir mehrfach befördert worden. Nach drei Monaten war ich Fahnenjunker-Unteroffizier und nach weiteren sechs Monaten Fähnrich. Am 30. September 1942 erfolgte anläßlich meines erfolgreichen Kriegsschulabschlusses meine Beförderung zum Oberfähnrich.

Gegen Ende der einjährigen Kriegsschulausbildung wurden wir gefragt, bei welcher speziellen Luftwaffengattung *(Jagdflieger, Kampfflieger, Schlachtflieger, Fernaufklärer oder Sturzkampfbomber)* wir unsere Ausbildung fortsetzen wollten. Die meisten Kameraden haben lange über diese Entscheidung nachgedacht, doch für mich war von vornherein klar, daß ich zu den Kampffliegern *(Bombern)* gehen wollte.

Bei den allgemein bevorzugten Jagdfliegern bestand zwar grundsätzlich die Möglichkeit, schneller zu großen Erfolgen und Auszeichnungen zu kommen, aber mir war von Anfang an bewußt, daß zu einem erfolgreichen Jagdflieger ein ungeheures Talent und eine ganz bestimmte Wesensart mit einem besonderen Temperament gehörte. Die Jagdflieger waren quirlige, tatendurstige und nach erfolgreichem Kampf schnell wieder landende Flieger – es sind Menschen ganz besonderer Art. Da ich einem solchen Charakterbild nicht entsprach, meldete ich mich zu den ruhigeren, gelasseneren, aber nicht weniger gefährdeten Kampffliegern. Ich wollte nicht nur aufsteigen und gleich wieder landen, sondern lange Strecken mit Navigation fliegen. Meine weitere fliegerische Laufbahn war zwar nicht geeignet, schnell große Auszeichnungen zu erlangen, wurde aber für mich sowohl fliegerisch, als auch ganz besonders technisch dermaßen interessant, wie ich es mir am Ende der Kriegsschule niemals erträumt hätte. Meine Entscheidung, Kampfflieger zu werden, bedingte allerdings auch, daß ich noch weiterhin Flugschüler bleiben mußte und nun in der C-Schule bei Fürstenwalde auf den schwereren Maschinen der C-Klasse *(Junkers = Ju 86, Ju 52 und Heinkel = He 111)* geschult werden mußte. *(Die Ausbildung für die Jagdflieger war aber ebenfalls noch nicht beendet; sie kamen jetzt für ihre Spezialausbildung zur Jagdfliegerschule, benötigten jedoch keine Ausbildung auf die schweren Flugzeugtypen der C-Klasse.)*

C-Schule in Fürstenwalde

Am 1. Oktober 1942 begann meine C-Ausbildung in Fürstenwalde. Hier wurden wir auf Ju 86, Ju 52 und He 111 geschult. Die Ju 86 war ein zweimotoriger Bomber älterer Bauart, der jetzt nur noch zu Schulungszwecken eingesetzt und abfällig als „fliegender Sarg" bezeichnet wurde. Die Ju 52 war die klassische dreimotorige Transport-Maschine, und die He 111 ein zweimotoriger Bomber. Platzrunde für Platzrunde mußte ich mich nach einigen Starts mit dem Fluglehrer im Alleinflug an die schweren Maschinen gewöhnen. Der Größenunterschied zu den bisher geflogenen, viel leichteren Flugzeugen war erheblich. Gegenüber dem „leichtfüßigen" Fliegen mit den leichteren Maschinen hatte ich nun das Gefühl, einen sehr schweren, klobigen Flugapparat zu steuern. Das neue Gefühl wirkte sich besonders auf das Gesäß aus, denn dort hat ein Pilot das ganze Empfinden für die Bewegung und die Lage seiner Maschine.

Foto: Eine Heinkel 111, wie ich sie im Rahmen meiner Ausbildung fliegen mußte (hier beim Beladen mit einer Gleitbombe Hs 293) – und mit der ich fast abgestürzt wäre...

Der Nachtflug mit den schweren Maschinen wurde ganz besonders intensiv geprobt. Dabei kam es für mich mit einer He 111 zu einem erschreckenden Erlebnis:

Eines nachts startete ich mit der He 111 zu einer zum Ausbildungsprogramm gehörenden Platzrunde. Außer mir war nur ein Bordmechaniker im Cockpit, der zwischen den beiden Pilotensitzen seitlich stand – etwas hinter mir. Ich bemerkte unmittelbar nach dem Start, daß ich mit dem Flugzeug keine stabile Lage erreichen konnte. Einmal war ich zu schnell, nach kleinen Korrekturen wieder zu langsam. So ging es bis zur ersten Linkskurve immer hin und her. Es blieb mir aber keine Zeit, über die Ursache der Instabilität nachzudenken. Als ich nun für einen Moment meinte, die Maschine endlich stabilisiert zu haben, wagte ich die erste Kurve nach links. Im Moment der Kurvensteuerung, mit Seiten- und Querruder, kippte das Flugzeug mit lautem Rauschen über die linke Tragfläche ab. *(In der Fliegersprache nennt man so etwas „abschmieren", was durch das Abreißen des Auftriebs entsteht. Abreißen des Auftriebs bedeutet, daß eine Maschine bei der Einleitung in die Kurve nicht mehr so viel Luftgegenströmung für den nötigen Auftrieb hat. Dabei ist zu berücksichtigen, daß durch die Kurvenlage des Flugzeugs die Strömungsverhältnisse für den Auftrieb ohnehin verändert sind. Ein solcher Fehler eines Piloten endet bei einer Flughöhe von nur etwa 200 Meter im allgemeinen tödlich).* Für den Bruchteil einer Sekunde schoß mir in diesem Moment größter Gefahr durch den Kopf, daß jetzt alles vorbei ist und mein Leben zu Ende wäre. Infolge der unter diesem Schreck eingeleiteten Reaktion mit unbewußt richtigen Bewegungen aller Steuerruder bekam ich die Maschine nach einer Fast-Bodenberührung in nur noch extrem geringer Höhe wieder in eine stabile Lage und zog die Maschine mit zittrigen Knien zurück auf meine vorherige Flughöhe von 200 Meter. Mein ganzer Körper war naß vom Schweiß, und ich saß völlig verkrampft hinter dem Steuer und dachte nur noch daran, das Flugzeug unter diesen widrigen Bedingungen glatt zu landen. *(An die Landung konnte ich mich bereits schon unmittelbar danach nicht mehr erinnern – sie muß wohl in meinem schockartigen Zustand mit einer gewissen Geistesabwesenheit erfolgt sein.)*

Mein Fluglehrer stellte mich sofort zur Rede, denn er hatte gesehen, daß meine Positionslichter hinter einem kleinen Hügel verschwunden waren. Um so erstaunter war er, mich doch noch einwandfrei und heil landen zu sehen, denn er hatte meinen sicheren Absturz befürchtet und einen Feuerball nach dem Aufschlag erwartet. Ich mußte sofort aussteigen. Für diese Nacht war der Flugbetrieb für mich beendet. Als ich mir dann vorstellte, daß mein Fluglehrer meine Positionslichter nicht mehr hatte sehen können, wurde mir erst richtig bewußt, daß ich nur wenige Zentimeter an einer tödlichen Bodenberührung vorbeigesegelt war. Mir wurde aber auch klar, wie dicht bei der Luftwaffe Leben und Tod nebeneinander lagen. Normalerweise kann man beim Fliegen davon ausgehen, mit dieser oder jener Maßnahme Fehler korrigieren zu können. Jedoch gab es kein Rezept, diesen schwerwiegenden Fehler zu korrigieren; man war in einer derartigen Situation in der Regel verloren – wie ich es später noch bei einigen Kameraden beobachten sollte… Dieses schockierende Erlebnis war prägend für mein ganzes späteres Fliegerleben.

In der nächsten Nacht ging es normal weiter. Ich verlangte aber, mit einem anderen Bordmechaniker zu fliegen, was mir auch gewährt wurde. *(Die Bordmechaniker hatten naturgemäß Angst, mit den noch unerfahrenen Flugschülern in den Nachtflug zu gehen. Ich vermutete daher, daß jener beim ersten Start in der Nacht zuvor, mit der Rudertrimmung, die er mit einem großen Rad rechts an meinem Sitz und von mir unbemerkt betätigen konnte, bei der Flugzeugsteuerung mitgewirkt hatte. So war es mir folglich nicht möglich gewesen, die Maschine in eine stabile Lage bekommen zu können. Für den Bordmechaniker war eine Beeinflussung der Ruder durch die Rudertrimmung streng verboten – aber auch nicht nachweisbar. Mir ist danach etwas auch nur annähernd Ähnliches nie wieder geschehen. Eine Rudertrimmung hat grundsätzlich die Funktion, das Flugzeug in eine stabile Lage auszutarieren. Die ungesteuerte Maschine muß demzufolge stabil in der Luft liegen, ohne in irgendeine Richtung abzudriften. Ist das nicht der Fall, muß ausgetrimmt werden. An allen drei Rudern, dem Querruder, dem Höhenruder und dem Seitenruder sind kleine Zusatzruder angebracht, die zur Austrimmung des Flugzeugs entsprechend betätigt werden können. Man ist demnach in der Lage, durch eine unbemerkbare Betätigung der Trimmruder mittels eines Handrads, das Flugzeug „am Piloten vorbei" mit zu steuern – eine Maßnahme, die hochgradig fluggefährdend und deshalb streng verboten ist.)*

Am 1. Dezember erfolgte meine Beförderung zum Leutnant. Es war für mich ein erhebendes Gefühl, in so jungen Jahren schon Offizier und fast fertig ausgebildeter Flugzeugführer mit allen Qualifikationsscheinen zu sein.

Die Maßnahme, noch so jungen Menschen schon Positionen mit großer Verantwortung zu übertragen, resultierte aus der Kriegssituation. Die enorm hohen Verluste der Luftwaffe Ende 1940 und 1941 an Menschen und Material bedingten eine neue Nachschub-Organisation. Flugzeuge waren im Vergleich zu ausgebildeten Piloten schneller zu ersetzen. Zunächst befolgte man zwar noch das Prinzip, es keinesfalls an der Ausbildungsqualität mangeln zu lassen, dafür aber schon bei 17-jährigen zu beginnen, wofür man früher mindestens 18 Jahre alt sein mußte. Ab 1944 wurde dann, ganz besonders bei den Jagdfliegern, die Ausbildung gekürzt, was zur Folge hatte, daß etwa 80 Prozent der jungen Jagdflieger bei den ersten 10 Einsätzen ums Leben kamen. Viele überlebten nicht einmal die Schulungen. Neben der fliegerischen Ausbildung gab es in der C-Schule deshalb auch ein umfangreiches theoretisches Programm, dessen Schwerpunkte die Technik sowie die Bewältigung von Notsituationen bildeten.

Nach nur eineinhalb Jahren Ausbildungszeit und im Alter von nur 18 Jahren bereits zum Leutnant befördert...

Im Dezember 1942 wurde unser normal verlaufender Dienst durch eine sehr interessante Sonderaufgabe unterbrochen. Mein Fluglehrer mußte mit zwei Schülern in einer Ju 52 Kriegsverwaltungsräte, die als Beamte in Rußland Wehrwirtschaft zu betreiben hatten, nach Woroschilowsk am Kaukasus fliegen. Ich hatte noch nie so ängstliche Gesichter gesehen, wie jene dieser Parteifunktionäre. Da der lange Flug zur selben Zeit mit dem Höhepunkt der Stalingrad-Katastrophe stattfand, versetzte dieser Umstand die Kriegsverwaltungsräte neben der reinen Flugangst in eine zusätzliche Furcht – jener bezüglich der militärischen

Lage. Diese Herren der Heimatfront hatten keinerlei Kriegserfahrung (wir allerdings auch nicht), und nun, im besetzten Rußland, die verhaßte Aufgabe, von der russischen Zivilbevölkerung Zwangsabgaben zu verlangen und sie, wenn nötig, drakonisch zu bestrafen. Diese „Partei-besatzer" zerstörten bei der russischen Zivilbevölkerung sehr viel von dem, das unsere vorher vorrückenden Truppen als augenscheinliche Befreier der Russen vom Stalin-Joch bewirkt hatten. Doch dieser Flug war für uns Schüler eine sehr angenehme Unterbrechung des täglichen Schulungsbetriebs und zugleich eine wunderbare fliegerische Aufgabe, innerhalb des Ausbildungsbereiches einen derart interessanten Fern-flug durchführen zu können.

Die Ausbildung an der C-Schule ging zu Ende, und ich wurde nach allen bestandenen Prüfungen am 14. Februar 1943 zur Blindflugschule nach Belgrad versetzt.

Blindflugschule Belgrad

Am 15. Februar 1943 begann meine Ausbildung bei der Blindflug-schule in Belgrad. Am Tag zuvor besuchten meine Eltern mich noch einmal und brachten mich zum Berliner Anhalter-Bahnhof, von wo aus ich die Reise nach Belgrad antreten mußte. Meine Eltern waren betreffs der endgültigen Niederlage bei Stalingrad sehr niedergeschlagen, und mein Vater, als Teilnehmer am Ersten Weltkrieg und realistisch den-kender Mensch, konnte wesentlich besser als ich beurteilen, was der Verlust der 6. Armee bei Stalingrad sowohl militärisch als auch huma-nitär bedeutete. Ich aber war noch von den ungeheuren militärischen Erfolgen zuvor geblendet und brannte nun darauf, meine Fliegerschule zu beenden und endlich als Pilot in diesem Krieg meinen Mann zu stehen. *(Heute bin ich davon überzeugt, daß mein Vater damals in der Stalingrad-Niederlage bereits die Wende des ganzen Krieges gesehen und ziemlich sicher erkannt hatte. Dennoch hat er meinen Elan nicht durch derartige Äußerungen gebremst, sondern manchmal lediglich einiges von meiner Überschwenglichkeit gedämpft. Mein Vater war zwar ein Skeptiker, aber anfangs durch die ungeheuren Erfolge in Polen, Norwegen, Frankreich, auf dem Balkan und in Nord-Afrika derart beeindruckt, daß auch er einen Sieg für möglich hielt. Als Hitler aber Rußland angriff und zudem noch im Dezember 1941 Amerika den Krieg erklärte, war meinem Vater klar, daß wir wegen des russischen Riesenraums und der amerikanischen Materialüberlegenheit den Krieg niemals mehr gewinnen können. Er deutete das aber damals nur an und sprach mit mir aus Vorsicht niemals im vollen Umfang darüber.)*

Im Zug traf ich auf dem Weg nach Belgrad noch drei Kameraden von der C-Schule, die auch in meinem Alter waren, und wir setzten uns zusammen. Die übrigen C-Schulkameraden kamen zu anderen Blindflugschulen. In Belgrad kamen wir dann mit Flugschülern anderer C-Schulen zusammen und wurden nach der Einweisung in Gruppen zu acht Schülern eingeteilt. Nun begann die „Hohe Schule" der Fliegerei: Der Blindflug.

Blindflug bedeutet, völlig ohne Erdsicht und nur nach den Instrumenten zu fliegen. Das heißt, dem Piloten fehlt der Horizont als wichtigster Bezugspunkt beim Fliegen. Ohne Horizont ist ein Pilot nicht in der Lage, festzustellen, ob die Maschine waagerecht liegt oder sich über die rechte oder linke Tragfläche so weit zur Seite neigt, daß er schließlich nicht mehr steuerfähig ist und das Flugzeug abstürzen kann. Um eine derartige Katastrophe zu vermeiden, ist der sogenannte „künstliche Horizont" das wichtigste Instrument beim Blindflug.

Dieser künstliche Horizont ist ein dicker Strich auf einer Scheibe, über den das Flugzeug von vorne schematisiert wird. Der Strich und das Flugzeug müssen immer genau deckungsgleich sein. Weicht eine Seite der Maschine vom Strich ab, muß sofort mit dem Querruder, dem Halbrad an der Steuersäule, derart nachgesteuert werden, bis die volle Deckung wieder erreicht wird. Aus Erfahrung kann ich sagen, daß das Gefühl des Piloten bezüglich der Horizontallage des Flugzeuges permanent von der Instrumentenanzeige abweicht. Deshalb ist der Blindflug so schwer, denn man befindet sich in einer ständigen Überkonzentration, um dieser Diskrepanz über die Fluglage nicht zu erliegen. Unterläßt man es einmal, der Instrumentanzeige zu glauben und so zu fliegen, wie man meint, daß die Maschine waagerecht liegt, ist folglich der künstliche Horizont nicht mehr in Deckung, und es wird bald ein Rauschen zu hören sein, weil das Flugzeug durch die jetzt tatsächliche Schräglage über die hängende Tragfläche in den Sinkflug abschiebt. Dieser Zustand muß schnellstens behoben werden, was jedoch ohne Instrument nicht möglich wäre. Die Rettung ist der künstliche Horizont, auf dem man schnellstens Strich und Flugzeugschema in volle Deckung bringen muß. Nun besteht keine Gefahr mehr, denn das Instrument täuscht nicht. Es gibt keinen Blindflieger, der so etwas nicht schon einmal erlebt hat.

Ein weiteres wichtiges Instrument ist der Wendezeiger, der eine Veränderung der Flugzeuglage bezüglich der Hochachse anzeigt. Der Wendezeiger besteht aus einem Zeiger an einer Meßskala, der nach rechts oder links ausschlagen kann, und einer Libelle, die beim Kurvenflug immer in der Mitte liegen bleiben muß. Beim Geradeausflug funktioniert die Libelle wie eine Wasserwaage: Sie zeigt an, ob das Flugzeug genau waagerecht in der Luft liegt oder rechts oder links hängt. Sie ist somit eine Ergänzung des künstlichen Horizonts, der die Veränderungen der Flugzeuglage über Längs- und Querachse anzeigt. Ferner gibt es einen Kompaß und ein Variometer, das anzeigt, mit wieviel Meter in der Sekunde die Maschine steigt oder sinkt, und einen Geschwindigkeitsmesser, der die Geschwindigkeit am sogenannten Stau anzeigt. Die Geschwindigkeit am Stau wird mittels des Staurohrs gemessen, einem kleinen Rohr an jedem Flugzeug, in dem die Schnelligkeit der durchströmenden Luft in Stundenkilometer umgesetzt wird und als solche auf der Anzeige des Geschwindigkeitsmessers erscheint.

Während der Blindschulzeit hörten wir im Radio auch Josef Göbbels' „denkwürdige" Durchhalte-Rede im Berliner Sportpalast mit seinem aufwieglerischen Ausruf: „Wollt ihr den totalen Krieg?"

Dem folgte ein Massenbeifall mit ohrenbetäubendem Ja-Gebrüll.

Nach der Rede machten wir uns alle unsere eigenen Gedanken. Es beschlich uns schon die Sorge vor einem eventuell zu verlierenden Krieg, aber niemand sprach darüber. Viel größer waren unsere Bedenken, daß wir mit unserem ungezügelten Idealismus nicht mehr lange am Krieg teilnehmen konnten. Es war uns aber auch klar, daß eine derartige Durchhalte-Rede einem Volk nicht zugemutet werden muß, wenn man sich auf der Siegerstraße befindet...

Die Blindflugausbildung erfolgte ausschließlich auf dem Flugzeugtyp der dreimotorigen Ju 52. Unser Fluglehrer war Feldwebel Geisler, der zu den Übungsflügen, die ungefähr je drei Stunden dauerten, immer vier Flugschüler mitnahm. Für die Schulung saß jeweils ein Flugschüler auf dem Pilotensitz links und der Fluglehrer auf dem rechten Sitz. Für die Blindflugübung wurde zwischen den beiden Pilotensitzen eine Wand aufgestellt und beim Schülersitz eine Gardine zugezogen, so daß man weder nach vorn noch zur Seite oder nach außen etwas sehen konnte. Die erste Übung war das Fliegen ohne Erdsicht und somit ohne Horizont, an das ich mich anfangs nur sehr schwer gewöhnen konnte. War es mir möglich, das Flugzeug ohne Probleme im Geradeausflug blind zu steuern, mußte ich das Kurvenfliegen üben. Gelang auch das, versuchte ich das Landen ohne Erdsicht. Diese Landungen bereitete ich nach dem *ZZ-Verfahren* vor: Wenn ich vom Streckenflug in Flugplatznähe kam, nahm ich Kontakt mit dem Peilflugleiter dieses Zielflughafens auf und erfuhr durch ihn, wann ich mich genau über dem Platz befand. In der kurzen Peilersprache hieß das einfach „Platz". Jetzt begann das eigentliche ZZ-Landeverfahren. Jeder Flugplatz hatte eine Schlechtwetter-Einflugschneise, die in ihrer Größe *(von der Rollfeldmitte gemessen)* um die 30° schwankte und in Ost-West-Richtung so gewählt war, daß der Landeanflugkurs bei zirka 270° lag. Von meinem Platzstandort mußte ich nun sieben Minuten auf Gegenkurs zum Landeanflugkurs *(270°)* von zirka 90° gehen. Um nun jedoch nach sieben Minuten mit einer Linkskurve genau auf Anflugkurs zu kommen, war es erforderlich, daß mein erster 7-Minuten-Flug auf Gegenkurs um etwa plus 8° bis 10° von 90° abwich. Wenn ich nun nach sieben Minuten eine normale Linkskurve flog, befand ich mich genau auf Landekurs von ungefähr 270°, etwa sieben Minuten vom Flugplatz entfernt. Jetzt hatte ich Zeit genug, die Höhe von 200 bis 300 Meter zu verringern, langsam mit Peilflugleiter-Unterstützung durch die Wolken zu stoßen und in zirka 50 Metern Erdsicht zu erhalten. Nun zog der Fluglehrer die Gardine weg, und ich konnte sehen, wie genau ich mein Landeverfahren durchgeführt hatte. *(Eine völlige Blindlandung war damals noch nicht möglich gewesen. Heute wäre sie theoretisch möglich, wird aber in letzter Konsequenz nicht durchgeführt. Man kommt zwar blind viel tiefer als 50 Meter an den Flugplatz, die allerletzte Landephase wird aber vom Piloten immer noch manuell durchgeführt.)*

Es gab neben den Blindflugübungen auch noch ein umfangreiches theoretisches Programm. Nach dieser Blindflugausbildung hatte ich keineswegs das Gefühl, daß ich ihn beherrschte. Mir waren einige Grundbegriffe mit verschiedenen Übungen beigebracht worden, aber die Vorstellung, nun schon in der Praxis blind fliegen zu müssen, war noch ein Horror.

Meine Prüfungen hatte ich in allen Disziplinen bestanden und konnte die Blindflugschule erfolgreich abschließen. Ich war jetzt ein mit allen Flugzeugführerscheinen *(außer dem Lehrschein)* ausgestatteter Pilot. Ein wunderbares Gefühl, das Ziel, Offizier und Flugzeugführer zu sein, schon in so jungen Jahren erreicht zu haben. Diese große Freude, über das Erlebte und Erreichte wurde leider immer mehr durchsetzt mit der Sorge, nicht mehr rechtzeitig zu einem Einsatzverband zu kommen, um hier dem fliegerischen Können überhaupt seinen Sinn zu geben. Ich ahnte in diesem Moment noch nicht, welch überaus interessante Zeit für mich in aller Kürze Realität werden würde.

Beginnend am I. April bekam ich Heimaturlaub, mit dem Hinweis, daß ich in dieser Zeit schriftlich Nachricht bekäme, wann und wo ich mich bei meinem neuen Verband zu melden hätte. Es begann für mich ein sehr schöner, doch viel zu kurzer Urlaub bei meinen Eltern in Bielefeld, getragen von dem Stolz über die erreichten Ziele – und nicht zuletzt über die schmucke Uniform. Bei all der Freude über die Urlaubstage war ich dennoch voller Spannung, zu welchem Verband man mich nach dem Urlaub befehlen würde. So schön der Urlaub auch war, so sehr brannte ich darauf, endlich zu einem Einsatzverband zu kommen. Immer stärker wurde meine Sorge, daß der Krieg, der ja schon so weit fortgeschritten war, dem Ende entgegen ginge und ich gar nicht mehr gebraucht würde. Doch nach nur 10 Tagen erhielt ich die Nachricht, daß ich mich am 15. April in Schwäbisch Hall-Hessental bei der III. Gruppe des Kampfgeschwaders 100 *Wiking* zu melden hätte.

Endlich am Ziel

Am 15. April 1943 meldete ich mich pünktlich beim Geschwader in Schwäbisch Hall-Hessental. Man wies mir meine Unterkunft zu *(ein Einzelzimmer im Offiziersgebäude)*, und ich wurde für den nächsten

Tag sogleich umfassend eingewiesen. Schon während dieser ersten Stunden der Einweisung spürte ich die Faszination, die von diesem Einsatzverband mit dem Flugzeugtypen Do 217 ausging. So schnell konnte ich gar nicht alles aufnehmen, was man hier zu sehen bekam, die neuen Eindrücke waren zu umfangreich.

Den ersten Abend verbrachte ich im Offizierskasino. Es war für mich ein erhebender Augenblick, als 18-jähriger zum ersten Mal allein das Casino eines fliegenden Verbandes betreten zu können. Ich schaute mich etwas um, sah zwei Leutnante an einem Tisch und bat, mich als Neuling zu ihnen setzen zu dürfen. Beide waren älter als ich – Horst Albrecht fünf und Herbert Kuhr zehn Jahre. Ich erfuhr von ihnen, daß es sich hier um ein auf allen Kriegsschauplätzen sehr bewährtes Geschwader handelte, das sich im Zuge der personellen Auffrischung in Verbindung mit der Ausstattung einer höchst geheimen neuen Bombe im Neuaufbau befand. Es wurde mit den beiden neuen Kameraden ein feucht-fröhlicher Einstandsabend, der für mich als erster Schritt zur Aufnahme in den neuen Kreis galt. Es war aber auch ein Abend, der für mich im Laufe der Nacht infolge meines Alkoholkonsums unange- nehme Folgen hatte...

Die Kontakte wurden sehr schnell freundschaftlich *(und wir blieben so lange im Verband vereint, bis uns das Schicksal später trennte)*. Ich spürte schon an diesem ersten Tag, daß bei so einem Einsatzge- schwader eine völlig andere Atmosphäre als in den Schulen herrschte. Bisher war ich Schüler gewesen, was ich jeden Tag immer wieder neu empfand. Hier war ich nun als Leutnant und Flugzeugführer einer unter Gleichen. Alles, was hier neu war, wurde nicht mehr geschult, sondern man wurde informiert und bildete sich selbst weiter. Es war sehr viel, was hier auf mich als Neuling einstürmte, und ich mußte meine ganze Konzentration einsetzen. Es folgten in den nächsten Tagen die Ein- weisungen und praktischen Flugübungen mit dem neuen Flugzeugtyp Do 217 K2. Diese Maschine versetzte mich in helle Begeisterung. Die fabrikneuen Flugzeuge, der neue Flugzeugtyp mit der wunderbaren Vollsichtkanzel mit höchst beeindruckender Sicht nach allen Seiten, nach oben und unten, der äußerst kräftige Zugmoment der beiden 2.000 PS starken 14-Zylinder-Doppelsternmotore und der wuchtige Klang beim Start. Bei dem Typ Do 217 K2 bedeutete *K2*, daß die Maschine längere Tragflächen als der Typ *K1 (der reguläre Typ)* hatte. Diese größeren Tragflächen waren erforderlich, um bei besonders schweren Lasten wie zwei 1.400-Kilo-Bomben, den Auftrieb zu gewährleisten. Der Auftrieb eines Flugzeugs ist von drei Dingen abhängig: Der Stärke des Gegenluftstroms, der Größe der Tragflächen und dem Gewicht des Flugkörpers. Alle drei Faktoren müssen in sich so in Abhängigkeit gebracht werden, daß der Auftrieb ausreicht. Das heißt, wenn ein Flugzeug größere Lasten tragen muß, erhöht sich das Gesamtgewicht des Flugkörpers. Es ist hier leichter, die Tragflächengröße zu erhöhen, als den Gegenluftstrom, der in seiner Variabilität wegen der fixen Startbahnlänge und dem natürlichen Gegenwind stark begrenzt ist. Unsere Schwestergruppe, die II. KG 100, flog die Do 217 K1 mit der normalen Tragflächengröße. Diese Maschinen brauchten im Höchstfall nur zwei 500-Kilo-Bomben zu tragen. Ich hatte diesen neuen Flugzeugtypen zunächst zur Einweisung nur mit einem mit diesem Typen erfahrenen Piloten geflogen. Jetzt sollte ich meine eigenen Erfahrungen im Alleinflug sammeln, was mich maßlos beeindruckte. Eine Do 217 war etwas gänzlich anderes als die Maschinen in der C-Schule. Die Maschine flog sich wunderbar, nur bei der Landung mußte man aufpassen, daß einem nicht bei Schiebewind die hohen Federbeine wegbrachen, was nicht selten vorkam *(und mir in der Folge auch einmal widerfuhr)*.

Als ich mich nach einiger Zeit im Umgang mit dem neuen Flugzeug in allen Punkten sicher fühlte, brachte mich mein Staffelkapitän, Leutnant Ernst Michelis, zu meiner Do 217 K2, wo die mir zugewiesene Besatzung bereits zur Übernahme angetreten war. Der Beobachter, Unteroffizier Penz, war etwa 25 Jahre alt, ein sehr gewissenhafter, fast pedantischer Mann und äußerst umgänglich. Der 22-jährige Bordfunker, Unteroffizier Friedrich, verstand sehr viel von seinem Fach, was sehr wichtig war, denn ich, als Kommandant, war mit den Geheimnissen des Funkverkehrs im Detail nicht so vertraut. Unteroffizier Pietsch war als Bordmechaniker mit seinen 24 Jahren etwas vorlaut; sein Humor war die Würze der Besatzung. Er beherrschte jedoch seine Aufgabe völlig. Neben den genannten Funktionen hatte außer dem Piloten jedes Besatzungsmitglied ein Bordmaschinengewehr zu bedienen – der Beobachter aus der Vollsichtkanzel nach vorn, der Bordfunker aus dem Maschinengewehrstand nach hinten oben und der Bordmechaniker aus der Bodenwanne nach vorn und hinten unten, was zusätzlich große Aufmerksamkeit erforderte. Wir waren jetzt eine verschworene Gemeinschaft für alle Situationen, die uns eventuell in den nächsten Monaten und Jahren erwarten würden...

In Schwäbisch Hall wurde ich erstmals mit dem schweren Bombertypen Do 217 K konfrontiert, der unter seinen Tragflächen die ferngesteuerte Gleitbombe Hs 293 tragen konnte.

Das Verhältnis zwischen Offizier, Kommandant und Besatzung fand zwar entsprechend der militärischen Rangordnung statt, aber durch die Zusammengehörigkeit innerhalb einer Flugzeugbesatzung während der gemeinsamen Flüge Tag für Tag war der Umgang miteinander lokkerer, verbindlicher und kameradschaftlicher. *(Ich erinnere mich noch heute gern an diese drei Kameraden, die ich während meiner Militärzeit noch auf tragische Weise verlieren sollte...)*

Inzwischen war bis zu uns durchgesickert, daß es sich bei der neuen und so geheimen Bombe um eine Fernlenkbombe handeln würde. Ich konnte mir nicht vorstellen, wie eine Bombe gelenkt werden sollte. Zu welcher neuen Geheimwaffe hatte mich das Schicksal verschlagen? Fragen über Fragen gingen mir durch den Kopf. So erfuhr ich auch, daß diese neuen Fernlenkbomben erst kürzlich zum Geschwader gekommen waren und es noch keinerlei Einsatzerfahrung gab. Es erfüllte mich mit großer Spannung und einem gewissem Stolz, hier von der ersten Stunde an dabei zu sein. Dann erfuhren wir während einer sehr ausführlichen Einweisung durch unseren Staffelkapitän höchst interessante Einzelheiten. Es handelte sich um eine panzerbrechende 1.570-Kilo-Bombe, die vom Beobachter ferngesteuert werden konnte, nachdem man sie aus einer Höhe von 7.000 Metern abgeworfen hatte. Die neue Fernlenkbombe trug die Bezeichnung PC 1400 X oder „Fritz X" *(PC 1400 X bedeutet panzerbrechend, war ursprünglich 1.400 Kilo schwer konstruiert, wurde als „Fritz X" bezeichnet und bei der Firma Rheinmetall in Brackwede bei Bielefeld hergestellt).*

Die geheime Fernlenkbombe Pc1400 X, genannt „Fritz X", war 3,26 Meter lang, ihre Spannweite betrug 1,35 Meter und sie wog 1.570 Kilo. Mit dem von ihr transportierten Gefechtskopf mit 350 Kilo Sprengstoff war sie speziell für Angriffe auf stark gepanzerte Schiffe entwickelt worden, wobei sie, aus 7.000 Meter Höhe abgeworfen, Panzerplatten bis zu einer Stärke von 12 cm durchschlagen konnte.

Ich stand nun mit meiner Besatzung respektvoll neben der Bombe, die uns genau erklärt wurde. Wir sahen einen 1.570 Kilo schweren Bombenkörper, der vorn vier Stabilisierungsflossen hatte. Am Ende der Bombe befand sich ein zylindrisches Heckteil, an dem mit vier Verstrebungen ein zwölfseitiges Kastenleitwerk befestigt war. In den Verstrebungen *(Kreuzleitwerk)* sahen wir kleine Klappen *(Spoiler)*, die eine Steuerung der Bombe bewirken konnten. Diese Steuerung erfolgte über Ultrakurzwelle, wobei uns 24 Kanäle *(Frequenzen)* zur Verfügung standen. Der Beobachter hatte im Flugzeug einen Sender *(FuG 203 „Kehl")* in einem Kasten von der Größe eines Kosmetikkoffers, mit einem kleinen Steuerknüppel auf der quadratischen Oberseite dieses Kastens. In der Bombe, die hinten ein eingerahmtes Leitwerk besaß, befand sich der Empfänger *(FuG 230 „Straßburg")*. In den vier Kreuzleitwerken waren in einem Winkel von 90° die kleinen Spoiler eingelassen, die, beim Abwurf durch Kontakt ausgelöst und von einer eigenen Batterie gespeist, mit hoher Geschwindigkeit hin und her tackerten. Die Bombe flog dann ohne Steuerung. Dirigierte der Beobachter nun mit seinem Steuerknüppel am Sender entsprechende Richtungsausschläge, blieben die tackernden kleinen Spoiler in einer Endstellung stehen, wodurch an der Bombe Flugkorrekturen vorgenommen werden konnten. Diese Korrekturen kamen zustande, indem das Festhalten der kleinen Bombenleitwerkklappen in einer Endstellung ein erhöhter Luftwiderstand erzeugt wurde, der die Bombe hinten kippen ließ, wodurch die ganze Bombe in eine Schräglage geriet und somit ihre Flugrichtung änderte. Dieses System war mit dem kleinen Steuerknüppel am Senderkasten so koordiniert, daß die Bombe präzise in jene Richtung fliegen konnte, in die der Beobachter den Steuerausschlag angab – nach vorn, nach hinten, nach rechts oder links; bei einem geübten Beobachter funktionierte das problemlos. Zur Verfolgung der Bombe bis ins Ziel war sie hinten mit einem extrem hellen Leuchtsatz versehen. Zur Gewährleistung einer genauen Treffsicherheit der Fernlenkbombe mußten Pilot, Beobachter und Bordmechaniker sehr gut aufeinander abgestimmt zusammenarbeiten. Die Bombe wurde grundsätzlich aus 7.000 Meter Höhe abgeworfen *(Erfahrungswert für beste Steuerungsmöglichkeit und Treffsicherheit)*, und es dauerte exakt 41 Sekunden bis zum Zieleinschlag der Bombe. In diesen 41 Sekunden legte das Flugzeug normaler Geschwindigkeit eine viel zu große Strecke zurück, um beim Bombeneinschlag annähernd senkrecht über dem Ziel zu stehen, wovon die Treffsicherheit entscheidend abhing. Um diesen Zustand möglichst genau zu erreichen, mußte der Flugzeugführer im Augenblick des Bombenabwurfs sofort in einen Steigflug übergehen und die Fluggeschwindigkeit so weit zurücknehmen, daß das Flugzeug gerade noch flugfähig war und nicht in Ermangelung ausreichenden Auftriebs über eine Tragfläche abkippte. Dies war für mich als Flugzeugführer ein sehr schwieriges Flugmanöver, aber je besser es gelang, desto größer war die Wahrscheinlichkeit, daß die Maschine nicht vor dem Bombeneinschlag zu weit über das Ziel hinaus flog. Während des Flugs der Bombe mußte der Bordmechaniker laut die Sekunden zählen; bis 30 alle zehn Sekunden, ab der 31. bis zur 41. jede Sekunde, damit der Beobachter es in seinem Kopfhörer hören konnte. Wenn beim Bombenabwurf bis zum Zieleinschlag alles exakt ablief, hatte die Bombe eine Treffsicherheit auf ein Ziel von nur 5 x 5 Meter.

Um eine „Fritz-X"-Fernlenkbombe zu transportieren, wurde sie unter einer Tragfläche neben dem Rumpf des Bombers aufgehängt.

In der Theorie hatte alles ziemlich einfach geklungen, doch für die schwierige Praxis mußten die Bombenabwürfe auf ein Zielschiff in der Ostsee bei Peenemünde mehrfach geübt werden. Dazu flogen wir bei gutem Wetter Tag für Tag nach Peenemünde, um die Bombenabwürfe auf ein altes, ausrangiertes 5.000 Tonnen großes Schiff zu üben. Da wir bis dahin aber nur Theorie ohne jegliche Praxis erfahren hatten, standen wir bei diesen ersten Bombenübungswürfen unter einem ungeheuren Druck. Wir mußten zu viele Dinge auf einmal berücksichtigen. Derartige Abwürfe wurden nicht unter Leitung von Lehrern geübt, sie mußten von den Besatzungen von Beginn an allein durchgeführt werden.

„Fritz X" nach einem Übungsabwurf und im Anflug auf das Zielschiff.

Bei unserem ersten Flug nach Peenemünde fanden wir das Zielschiff nicht sofort, weil der Anblick noch so ungewohnt war. Als wir dann den Anflug auf das Zielschiff zum ersten Übungsabwurf wagten, galt es nun, im Kopf und gewissermaßen schlafwandlerisch alles so ablaufen zu lassen, wie es uns in den vielen Theorie-Stunden beigebracht worden war. Es mußte zunächst vom Beobachter beim Zielanflug *(der wie bei einem herkömmlichen Bombenabwurf erfolgte – allerdings in 7.000 Meter Höhe)* mit Hilfe des Lotfernrohr-Zielgeräts *(bei „Fritz X" Lotfe 7D)* die richtige Entfernung für die Bombenauslösung ermittelt werden. Die Bombe flog nach dem Abwurf aus der Fluggeschwindigkeit eine ballistische Kurve. Beim Auslösen waren durch Abreißen eines Kontaktsteckers die Steuerklappen aktiviert worden *(tak...tak...tak...)*. Die Bombe flog jetzt ungesteuert. Die Besatzung hatte nun 41 Sekunden Zeit, in der immer wieder geübten Zusammenarbeit die Bombe treffsicher ins Ziel zu bringen. Der Flugzeugführer ging in den Steigflug und verringerte die Geschwindigkeit so sehr, daß sich die Maschine gerade noch vor dem „Abschmieren" in der Luft halten konnte. Ein sehr hoher Anspruch an das fliegerische Können, wovon die Trefferwahrscheinlichkeit in sehr hohem Maße abhing. Der Beobachter konnte den 41 Sekunden dauernden Weg der Bombe mittels des Leuchtsatzes durch die Vollsichtglaskanzel sehr gut verfolgen. Der Bordmechaniker zählte die Sekunden vom Abwurf an laut. Nun konnte der Beobachter mit Kenntnis der Sekunden die Bombe rechtzeitig in Zieldeckung bringen und auf einen 100-prozentigen Treffereinschlag hoffen.

Nach einem derartigen Abwurf trat im Flugzeug erst einmal eine große Entspannung ein. Wir machten uns Gedanken darüber, wie erfolgreich unser Abwurf wohl ausfallen würde. Einiges konnte der Beobachter schon sehen, aber nicht ganz genau, denn aus einer Entfernung von 7.000 Metern ist das Zielschiff so klein, als wäre es nur ein Spielzeug. Mit einem besonderen Meßverfahren wurden unsere Bombenabwürfe in Peenemünde registriert und nach Schwäbisch Hall durchgegeben. Die Besatzungen standen bei diesen Übungen unter ständigem Leistungsdruck, indem sie sich bei Zielverfehlungen regelmäßig zu verantworten hatten.

Unsere Arbeit war nach einem solchen Übungsabwurf noch lange nicht beendet. Die genaue Analyse des Abwurfs war eigentlich noch einmal genau so anstrengend und vielschichtig wie der Abwurf selbst. Hatte man getroffen, war alles gut, dennoch fand eine genaue Analyse statt. War das Ziel jedoch verfehlt worden, kamen eine Menge Fragen und Unannehmlichkeiten auf die Bomberbesatzung zu… Bei den vielen exakt ineinander greifenden Manövern von Beobachter und Flugzeugführer beim Bombenabwurf gab es massenhaft unvorhersehbare Einflüsse, die alle in der Nachbetrachtung des Abwurfes in zukünftige Erwägung gezogen werden mußten. Bei diesen Untersuchungen waren absolute Objektivität bei der Anerkennung eigener Fehler von Beobachter und Pilot die erste Voraussetzung dafür, daß sie sich künftig nicht wiederholen konnten. Bei derartiger Objektivität war es außerdem eine Selbstverständlichkeit, daß die Stellung des Flugzeugkommandanten, beziehungsweise das Vorgesetztenverhältnis, völlig in den Hintergrund traten. So war es einfach ein Unding, einem Untergebenen eventuell einen Fehler zuzuschieben, den man selbst begangen hatte. In diesem Sinne fanden die Analysen der Bombenübungsabwürfe völlig frei von irgendeinem Vorgesetztendruck statt. Es war eine reine Charaktersache, sich diesen Dingen objektiv zu stellen.

In Schwäbisch Hall erfuhren wir nach unserem ersten *Fritz-X*-Abwurf, daß wir unser Zielschiff etwas verfehlt und nicht getroffen hatten – obwohl jedes Besatzungsmitglied sein Bestes gegeben hatte. Der Mißerfolg wurde analysiert und, da es unser erster Versuch war, nicht ganz so streng bewertet. In Anbetracht des Umstandes, daß meine Besatzung unter diesen neuen Anforderungen beim Übungsbombenabwurf außergewöhnlich gefordert war, konnte ich zunächst nicht mehr von ihr erwarten. Schon vor dem Bombenabwurf waren alle nach dem langen Flug unter der Sauerstoffmaske, die ab 4.000 Metern Höhe getragen werden mußte, äußerst angespannt, und es gab eine Menge neuer Eindrücke. Als dann die Bombe ausgelöst worden war, standen die 41 Sekunden wie eine Wand vor uns. Statt der unbedingt erforderlichen Gelassenheit und Kaltblütigkeit bei der Bombensteuerung war bei jedem von uns eine Nervosität eingetreten, die alles negativ beeinflußte.

Das Ergebnis unserer Analyse lautete, üben, üben, üben. Das taten wir und flogen bei geeignetem Wetter täglich nach Peenemünde. Es wurde aber niemals zur Routine. Diese Flüge waren für die ganze Besatzung immer wieder ein besonderes Ereignis, weil es jedes Mal beste Leistungen unter höchster Konzentration erforderte. Die Trefferergebnisse wurden nach und nach immer besser. Wir waren uns dennoch darüber im Klaren, daß Abwürfe unter den Bedingungen ernster Feindeinsätze noch ganz besondere Anforderungen an uns stellen würden...

Im Laufe der Zeit war die Fernlenkbombe zum Inhalt unseres täglichen Lebens mit der Fliegerei geworden. Die völlige Unerfahrenheit mit der neuen Bombe brachte es mit sich, daß wir uns auf alle Eventualitäten im späteren Ernstfall einstellen mußten. Da uns aber ständig die Frage beschäftigte, wie dieser Ernstfall einmal aussehen würde, mußten wir täglich neu umdenken. Häufig verlegten einige Besatzungen, wie auch ich mit der meinen, auf den 45 Kilometer entfernten Flughafen Giebelstadt und flogen von dort zum Bombenübungsabwurf nach Peenemünde.

Im Frühsommer 1943 erhielt ich den Befehl, eine Do 217 von dem Flugplatz Garz auf der Insel Usedom nach Giebelstadt zu überführen. Ich reiste dazu mit dem Zug nach Garz und führte noch am Ankunftstag nachmittags einen Probeflug durch. Ich hatte äußerst gute Laune, war übermütig und erlaubte mir eine streng verbotene Kapriole: Ich flog im Tiefflug über den Strand von Ahlbeck und warf beim Hochziehen des

Flugzeugs mit den Propellerböen den Strandkorb eines Majors um – ein eklatanter Verstoß gegen den Paragraphen 92.

Als ich in Garz landete, lag dort schon eine Meldung betreffs meines waghalsigen und höchst provokanten Unternehmens vor. Rückblickend betrachtet, verstand ich mein Handeln nun selbst nicht mehr. Wie hatte ich mich bei derart gravierenden Konsequenzen überhaupt zu einem solchen unerlaubten Flugmanöver hinreißen lassen können? Es war lediglich jugendlicher Leichtsinn gewesen, zu dem sich ein ernsthafter Pilot aber niemals hinreißen lassen darf. Ich dachte, daß nun alles aus und meine Fliegerei beendet sei.

Als ich mich dann betreffs dieser Angelegenheit verantworten mußte, stritt ich erst einmal den Strand-Tiefflug ab. Ich hatte zusätzlich das große Glück, daß man die Kennzeichen meiner Maschine falsch übermittelt hatte. Ich verwies darauf, daß ich es somit gar nicht gewesen sein konnte. Eine Bestrafung wäre ohnehin überflüssig gewesen, denn dieser Schock war für mich so nachhaltig, daß ein weiterer Verstoß zukünftig völlig ausgeschlossen war.

Der anschließende Flug nach Giebelstadt war unangenehm. Bei niedriger Wolkendecke startete ich in Garz und war schon, bevor ich mich danach etwas gesammelt hatte, vollständig von Wolken umgeben. Hier spürte ich nach der Blindflugschule erstmals in der Praxis die Schwierigkeiten bei einem solchen Blindflug. Es war jetzt gefühlsmäßig doch ganz anders als der Blindflug früher mit dem Lehrer. Zunächst traf es mich wie ein Schock, jetzt eisern durchhalten zu müssen, das Gefühl auszuschalten und nur so zu fliegen, wie die Instrumente es anzeigten. Ich fühlte mich wie ins Wasser geworfen, um nun allein schwimmen zu müssen. Nach einem Stück gelungenen Geradeaus-Blindflugs wagte ich die erste Kurve, die nur nach künstlichem Horizont geflogen werden konnte und wieder eine besondere Schwierigkeit darstellte. Ich ging auf Kurs. Kurz darauf rissen die Wolken langsam auf, und ich landete wohlbehalten in Giebelstadt.

Der ständige Flugbetrieb, besonders in Schwäbisch Hall, blieb nicht ohne Unfälle. Der spektakulärste Unfall ereignete sich am Karfreitag 1943, als Leutnant Belusa mit dem Flugzeug während der Landung seitlich ausbrach, die Federbeine wegknickten, und er mit der ganzen

Maschine so unglücklich gegen das große Hangar-Tor stieß, daß dieses in die Halle kippte und zusätzlich noch drei andere Do 217 beschädigte. Personen kamen bei diesem Unfall glücklicherweise nicht zu Schaden; trotzdem war es ein rabenschwarzer Tag für Schwäbisch Hall, der noch viele Untersuchungen und Ärger nach sich zog.

Gegen derartige Unfälle konnten wir uns auch bei größter Sorgfalt und Umsicht nicht wehren. Bei der komplizierten Fliegerei, vor allem mit sehr jungen Besatzungen, unterliefen immer wieder kleine Fehler, besonders bei sehr unklaren und unübersichtlichen Situationen. Das Schlimme dabei war, daß solche kleinen Fehler meistens eine katastrophale Wirkung verursachten. Die Sache mit dem Hangar-Tor war allerdings schon sehr schlimm.

Anfang Juli 1943 flogen häufig einige Besatzungen nach Istres in Süd-Frankreich, am Etang de Berre, im steinigen Rhone-Delta und 35 Kilometer nordwestlich von Marseilles. Diese Abordnungen sollten die Verlegung der III. Gruppe des Kampfgeschwaders 100 *Wiking* nach Istres vorbereiten. Besonders begehrt waren die wunderbaren Pfirsiche, die für nur kurze Zeit von dort kistenweise mitgebracht wurden. Die Kameraden berichteten immer sehr interessant von diesem Flugplatz, der wahrscheinlich in Kürze unser Einsatzstandort werden würde.

Leider ereilte mich kurz vor der Verlegung nach Istres in Schwäbisch Hall noch ein Mißgeschick: Ich kam eines Tages von Giebelstadt zurück und landete ganz normal in Schwäbisch Hall. Unmittelbar beim Aufsetzen bekam ich eine starke Windböe, die mich unvermeidbar aus der Landerichtung drängte. Ich hatte mit den Rädern schon Bodenberührung und wurde durch den Wind jetzt so sehr abgedrängt, daß durch die Schiebewirkung beim Gegensteuern beide hohen Federbeine des Fahrwerks wegbrachen und ich mit dem Flugzeug neben der Rollbahn auf dem Bauch lag. Eine schlimme und blamable Bruchlandung, die natürlich auch einen Tatbericht nach sich zog. Da die Probleme der hohen Federbeine bei der Do 217 bekannt waren, ging für mich alles gut aus, aber die Wochen diesbezüglicher Sorge blieben in Erinnerung.

Verlegung nach Istres

Noch während des Monats Juli 1943 fand die Verlegung der gesamten Gruppe nach Istres statt – ein Unternehmen, das sich als logistisch durchaus nicht unkompliziert erweisen sollte. Es waren ja nicht nur die 27 Flugzeuge mit ihren jeweils vier Besatzungsmitgliedern, sondern auch noch pro Maschine mindestens ebenso viele Personen des Bodenpersonals, um die Einsatzbereitschaft der Flugzeuge zu gewährleisten. Alle diese Leute mußten in den Flugzeugen mitfliegen, die außerdem eine große Menge an technischem Gerät zur Wartung und Reparatur der Flugzeuge zu transportieren hatten.

Für uns junge Besatzungsmitglieder war die Verlegung vom Vorbereitungsflughafen Schwäbisch Hall zum Einsatzflughafen Istres ein ganz besonderes Ereignis. Voller gespannter Erwartung auf die Bedingungen in dem neuen Land starteten wir mit unserer vollbeladenen Maschine. Der Flug verlief normal, doch die Landebedingungen waren ungewohnt, denn statt einer glatt betonierten Piste erwartete uns ein zwar fester, aber völlig mit Steinen übersäter Flugplatz im Rhone-Delta.

Nach der Ankunft wurde uns Offizieren ein kleines Häuschen zur Verfügung gestellt, in dem jeder ein hübsches Zimmer bekam, und ein geräumiger Speise- und Gemeinschaftsraum stand uns in diesem Haus ebenfalls zur Verfügung.

In den nächsten Tagen wurden in der neuen, noch ungewohnten Umgebung erste Übungsflüge durchgeführt. Das Abwerfen der Fernlenkbombe wurde dabei jedoch nicht mehr geprobt. Die Übungsflüge verliefen zwar problemlos, doch bereitete uns der sehr steinige Flugplatz große Schwierigkeiten, und immer wieder entstanden durch Steinschlag Schäden an den Flugzeugen, die aber von den Piloten nicht vermieden werden konnten. Einige der Übungsflüge fanden bei Nacht statt, wobei es für mich erneut zu einem äußerst unangenehmen Ereignis kam:

Ich flog die Maschine meines Staffelkapitäns, Leutnant Michelis, als ich während einer Platzrunde und nach allen Vorbereitungen, wie dem Ausfahren der Landeklappen *(sie dienen zur Vergrößerung der Tragflächen, um bei Start und Landung die Geschwindigkeit verringern zu können)* und des Fahrwerks, zur Landung ansetzte, dann mit den

Rädern gerade die erste Bodenberührung bekam, ertönte im Cockpit ein Tuten – ein akustisches Signal, daß ein nach dem Ausfahren nicht korrekt eingerastetes Fahrwerk meldete. Diesen technischen Mangel hatte ich an keinem der Instrumente ablesen können, denn alle Zeichen hatten bis zu diesem Moment auf „grün" gestanden. Ein Durchstarten war mir in dieser Situation nicht mehr möglich. So knickte das unstabile rechte Federbein des Fahrgestells bei der ersten leichten Bodenberührung sofort auf der rechten Seite ein. Die Maschine kippte nach rechts ab und rutschte, eine riesige Wolke hellen Staubes aufwirbelnd, über das mit Steinen übersäte Rollfeld. Glücklicherweise geriet das Flugzeug nicht in Brand.

Nach einem solchen, wenn auch unverschuldeten Mißgeschick, fühlte man sich als Flugzeugführer blamiert, und man mochte niemandem unter die Augen treten. Warum mußte ausgerechnet mir so etwas geschehen? Hätte ich diesen Unfall irgendwie vermeiden können? Tausend Fragen schossen mir durch den Kopf. Wir saßen alle wie versteinert in der tutenden Maschine und schauten uns einen Moment lang an. Dann kletterten wir beschämt aus dem stark beschädigten Flugzeug. Leutnant Michelis war zwar über den Verlust seiner geliebten Maschine enttäuscht, doch hielt er sich mit Vorwürfen zurück, denn er hatte meine Landung beobachtet und gesehen, daß mich kein Verschulden traf.

Auf dem neuen Flugplatz erwarteten wir nun gespannt unseren ersten Einsatzbefehl. Der Krieg schritt immer weiter fort, und wir saßen tatenlos in Süd-Frankreich herum, während sich andere Geschwader im ständigen Einsatz befanden – allerdings erfuhren wir auch von den hohen Verlusten, vor allem bei Einsätzen gegen England. Dennoch, die Zeit des Wartens wurde uns allmählich unerträglich. Unsere eigenen Einsätze waren deshalb so begrenzt, weil die 1.570 Kilo schweren Fernlenkbomben nur auf ganz besondere feindliche Ziele, wie große Schiffe, geworfen werden durften – von denen aber zunächst keines gemeldet war.

Im Verlauf des Juli 1943 hatte Italien begonnen, sich aus dem Bündnis mit Deutschland zu lösen. Dadurch veränderte sich die gesamte politische und militärische Lage im Mittelmeer-Raum gravierend. Inzwischen hatten die Amerikaner und Briten Sizilien vollständig eingenommen und damit den Druck auf die italienische Regierung, die Fronten zu wechseln, erhöht. Das führte zuerst zum Sturz des Diktators Benito Mussolini, der am 25. dieses Monats in den Querinal-Palast bestellt und auf Befehl des Königs verhaftet wurde. Der König ernannte Marschall Badoglio zum neuen Regierungschef, mit dem er sich bereits vorher darüber abgestimmt hatte, daß eine weitere Fortsetzung des Krieges für Italien sinnlos sei.

Auf dem Flugplatz bei Istres: Warten auf den ersten großen Einsatz...

Um die Landungsflotte der Alliierten vor Sizilien durch uns und von Istres aus zu bekämpfen, war die Entfernung zu groß. So mußten wir für derartige Angriffe auf die Schiffsansammlungen vor der Insel zunächst nach Foggia in Apulien, im Süden Italiens, fliegen, das zu dieser Zeit die Luftwaffenbasis für ganz Süditalien bildete. Foggia hatte drei in seinen Dimensionen äußerst günstige Flugplätze und war für die Bestückung unserer Flugzeuge mit Bomben eingerichtet.

Endlich sollten auch wir nach Foggia und zu unserem ersten Feindeinsatz fliegen. Für meine Besatzung und mich waren die 900 Kilometer langen Flüge von Istres nach Foggia, größtenteils über See, wieder eine neue Herausforderung. Das Flugzeug flog über dem Meer natürlich nicht anders als über Land, aber ein solcher Flug war für uns ungewohnt. Außerdem war es über der See besonders unangenehm, an technische Mängel oder einen feindlichen Beschuß zu denken… Eine Notwasserung mit dem Flugzeug oder ein Fallschirmabsprung in das Meer endeten meistens tödlich. So waren wir erleichtert, als wir wohlbehalten in Foggia ankamen. In Foggia wurde aufgetankt, die schweren *Fritz-X*-Bomben aufgenommen und dann zum Angriff auf die Schiffsziele gestartet. Doch kam es in Folge aus mir unbekannten Gründen dreimal nicht zu den geplanten Angriffen, und es ging jedes Mal wieder entweder nach Foggia zurück, oder wir flogen direkt nach Istres.

Eines Tages flogen wir von Foggia aus einen weiteren Einsatz mit zwei Maschinen. Ich folgte meinem Staffelkapitän, Leutnant Michelis. Es war allgemein bekannt, daß sich die Staffelkapitäne innerhalb der Höchstgeschwindigkeitsunterschiede bei gleichen Flugzeugmodellen immer die schnellste Maschine für ihre Flüge aussuchten. So hatte auch mein Staffelkapitän das weitaus schnellste Flugzeug. Ich konnte ihm beim Steigflug bis zur Höhe zum gemeinsamen Angriff nur mit äußerster Motorleistung folgen – was aber der rechte Motor meiner Maschine nicht aushielt.

In 5.000 Metern Höhe rief mein Bordmechaniker plötzlich: "Herr Leutnant, der rechte Motor brennt! Aussteigen!"

(*„Aussteigen" bedeutet, mit dem Fallschirm abspringen.*)

Um an Bord eine Panik zu vermeiden, antwortete ich sofort: „Halt die Schnauze!"

Außerdem konnte nur ich als Kommandant den Befehl zum Aussteigen geben. Zwar durchfuhr auch mich angesichts des brennenden Motors ein ungeheurer Schreck, doch durfte ich es mir keinen noch so kurzen Augenblick lang anmerken lassen. Wir waren im Zuge unserer umfassenden Ausbildung jedoch niemals auf Notfälle wie Motorbrand, Fallschirmabsprünge oder eine Notwasserung trainiert worden. Man erwartete von uns in einem derartigen Fall eine an die Notsituation angepaßte und richtige Reaktion, was auch schon der reine Überlebenswille unsererseits bedingte – und das alles im Alter von nur 19 Jahren…

Mit vorgetäuschter Ruhe nahm ich bei dem defekten Motor sofort das Gas weg und stellte die Luftschraube auf Segelstellung. Der Motor blieb augenblicklich stehen und brannte zum Glück nicht weiter. *(Segelstellung bei der Verstell-Luftschraube bedeutet, die Luftschraubenblätter, sprich Propeller, senkrecht gegen den Wind zu stellen, daß sie völlig ohne Luftwiderstand den abgestellten Motor nicht mehr durch Drehen antreiben können.)* Ich brach daraufhin den weiteren Flug hinter meinem Staffelkapitän sofort ab. Da der Motor nun nicht mehr brannte, hatte ich das Gefühl, daß doch noch alles gut gehen würde. Mit einem Motor war ich zwar mit der Last der unter meinem Flugzeug hängenden 1.570-Kilo-Bombe für eine längere Strecke nicht mehr flugfähig, hatte aber 5.000 Meter Höhe zur Verfügung, wodurch ich mich infolge der Höhenverringerung dem Flugplatz von Foggia ohne große Motorleistung immer mehr nähern konnte. Bei der Überlegung, sicherheitshalber die Bombe abzuwerfen, erhob sich mir die Frage, wen sie dann treffen würde. Außerdem war es mein Wille, die nicht unerheblichen materiellen Werte von Flugzeug und Bomben zu erhalten. So konzentrierte ich mich ganz auf diese ungewohnte Landung. Sie mußte gleich beim ersten Mal gelingen, denn an ein Durchstarten war mit der großen Last und nur einem Motor überhaupt nicht zu denken. Ich ging auf Landekurs und machte einen besonders langen Landeanflug mit nur langsamer Höhenreduzierung. Es war mein Bestreben, alles so gut abzuschätzen, daß ich, ohne noch einmal Gas geben zu müssen, sicher in der Nähe des Landekreuzes aufsetzte – was mir dann auch gelang. Es war meine erste Landung mit schwerer Bombenlast und nur einem intakten Motor.

In Foggia wurde schnell die Ursache festgestellt, die während unseres Fluges zu dem Feuer geführt hatte. Am rechten Motor waren bei der schweren Last durch Überhitzung zwei Auspuffrohre direkt am Zylinder abgerissen, so daß die Auspuff-Flammen aus den Schlitzen der Motorverkleidung schlugen – was lediglich einen brennenden Motor vorgetäuscht hatte. *(Mit großer Wahrscheinlichkeit hätte der Motor jedoch tatsächlich noch Feuer gefangen, wenn dieser Zustand, mit zusätzlicher Explosionsgefahr, noch länger angehalten hätte. Dieses war leider eine Anfälligkeit, die bei diesem sonst so guten Motor gelegentlich auftrat.)* Der Schaden wurde in Foggia in kurzer Zeit behoben, und ich flog noch am selben Abend nach Istres zurück. Mein Staffelkapitän war indessen längst vom Feindflug zurückgekehrt, hatte ein großes Schiff versenkt, und sprach mir wegen meines umsichtigen Verhaltens in der Notsituation seine Anerkennung aus.

Zurück in Istres, warteten wir noch immer vergeblich auf für uns geeignete große Schiffsziele. Um solchen Zielen näher zu kommen, flogen wir häufig nach Cognac und Bordeaux. Auf dem Atlantik waren aber nur kleinere Schiffe gesichtet worden, die besser für unsere II. Gruppe mit der Fernlenkbombe *Hs (Henschel) 293* geeignet waren.

Die Fernlenkbombe Hs 293.

Die Hs 293 war ebenfalls eine Fernlenkbombe, hatte aber Tragflächen wie ein Flugzeug und wurde somit im Horizontalflug zum Ziel gesteuert. Sie wog nur 500 Kilo und konnte als weiteste Entfernung bis zu18 Kilometer vor dem Ziel abgeschossen werden und als kürzeste aus nur 400 Metern. Bei einer großen Abschuß-Distanz entging man somit der gegnerischen Flak-Abwehr, und bei entsprechenden Witterungsbedingungen war es den Piloten möglich, sich in den Wolken anzuschleichen und erst im letzten Moment abzuschießen – dann war es für die Flak zu spät... Die übliche Abwurfhöhe war 1.500 bis 2.000 Meter, und im Moment des Abwurfs setzte ein an der Bombe befestigtes Schubtriebwerk ein, das der Bombe für den fast horizontalen Zielanflug den nötigen Vortrieb gab. Auch diese Abwürfe bedingten von Flugzeugführer und Beobachter ganz bestimmte Vorbereitungs- und Durchführmanöver, die sehr intensiv geübt werden mußten. Im Augenblick des Abwurfs mußte der Pilot eine Linkskurve von 70° bis 90° fliegen. Der Radius der Kurve richtete sich danach, ob das Ziel vor dem Bombenabwurf rechtwinklig oder schräg angeflogen wurde. Nach der Linkskurve mußte der Beobachter die Bombe, die an ihrem Heck mit einem starken Leuchtsatz ausgestattet war, verfolgen und steuern, indem er nach rechts aus dem Fenster der Kanzel sah und sein dort angebrachtes Steuergerät mit einem kleinen Steuerknüppel betätigte. Die ideale Situation zum Steuern der Bombe war für den Beobachter eingetreten, wenn er das Ziel in ungefähr 80° vor sich sah. Bei 90° hätte er genau nach rechts schauen müssen, was anstrengender war, als etwas voraus. Bei weniger als 80° wäre die Bombe zu schräg auf das Ziel getroffen. Ich persönlich habe diese Bombe niemals abgeworfen und somit auch keinerlei Erfahrung mit ihr.

Der Beobachter war es, der mittels eines entsprechenden Steuergeräts die Hs-293-Bombe ins Ziel lenken konnte – genau wie bei der „Fritz X".

Der 9. September 1943 und seine Vorgeschichte

Die *Roma* war ein Schiff der Littorio-Klasse, und ihr Name bezog sich nicht auf die italienische Hauptstadt Rom, sondern, wie bei dem gleichzeitig gebauten Schwesternschiff *Imperio,* auf die Zeit des antiken Römischen Reiches. Der Bau der *Roma* war 1938 in Auftrag gegeben worden, und sie wurde in Triest auf Kiel gelegt. Gemäß des Washingtoner Flottenabkommens durften Schlachtschiffe nur bis zu 35.000 Tonnen Wasserverdrängung gebaut werden. So wie dem entgegen jedoch alle Seemächte ihre angeblichen 35.000-Tonnen-Schlachtschiffe deutlich größer bauten, wurde auch die Standardverdrängung der *Roma* eigenmächtig überschritten – 43.624 Tonnen.

Der Stapellauf erfolgte am 9. Juni 1940, die Indienststellung jedoch erst am 14. Juni 1942. Die Länge des Schiffes betrug 224,5 Meter, die Breite 33 Meter und ihr Tiefgang 10,5 Meter. Die *Roma* konnte eine Höchstgeschwindigkeit von 31,4 Knoten *(58,1 km/h)* erreichen. Als Besatzung waren 1.849 Offiziere und Mannschaften an Bord. Ihre Bewaffnung bestand aus 9 Seeziel-Geschützen des Kalibers 38,1cm, 12 9-cm-Fliegerabwehrkanonen, 40 des Kalibers 3,7 cm und 60 des Kalibers 2 cm. Die *Roma* wurde erst spät in Dienst gestellt, und danach hielt sie *(angeblich)* akuter Treibstoffmangel im Hafen fest, so daß die gesamte italienische Flotte nicht zum Einsatz kam – im Tyrrhenischen Meer bestehend aus den Schlachtschiffen *Roma*, *Italia* und *Vittorio Vinneto* sowie 3 Kreuzern und 8 Zerstörern. *(Nach dem Bündnisbruch der Italiener fanden deutsche Truppen bei La Spezia zirka 65.000 Tonnen Treibstoff…)*

Nach Mussolinis Sturz, im Juni 1943, hatte in Italien Marschall Pietro Badoglio als Ministerpräsident die Regierung übernommen. Von Beginn an strebte er einen Waffenstillstand mit den West-Alliierten an – über General Dwight D. Eisenhower, der derzeit den Oberbefehl in Nord-Afrika führte. Die Amerikaner schickten ihren Fallschirmjäger-General Taylor nach Italien, um mit der italienischen Führung diesen Waffenstillstand auszuhandeln, der am 3. September 1943, um 17:45 Uhr, auf der von den Alliierten eingenommenen Insel Sizilien unterzeichnet wurde *(Taylor erkundete während seiner Italien-Mission auch noch die Möglichkeiten einer US-Landung in der Nähe Roms)*. Das Inkrafttreten dieses Pakts war jedoch abhängig von der geplanten Landung der Streitkräfte der Alliierten in Italien, die aber vor den Italienern geheim gehalten und auf den 9. September 1943 festgelegt wurde...

In der italienischen Marine-Führung gab es indessen verschiedene Gruppierungen, die eine unterschiedliche Politik vertraten. Die stärkste dieser Gruppen hatte sich um den mächtigen Marine-Minister De Courten geschart, der gleichzeitig auch Chef des Admiral-Stabs war. Diese ungewöhnliche Kombination verlieh De Courten eine erhebliche Machtposition. Sein Vertreter war Admiral Samsonetti. Diese beiden Admirale waren von vornherein von Badoglio mit in die Waffenstillstandsverhandlungen betreffs der italienischen Flotte einbezogen worden. Gemäß der Waffenstillstandsvereinbarungen sollte ihre Flotte, deren Hauptstreitmacht in La Spezia lag, mit Kurs Südwest auslaufen, um dann auf britische Kriegsschiffe nördlich von Algier zu treffen, die sie zur Internierung nach Malta geleiten würden...

Die Befehle, die nun an die Flotte ergingen, lauteten jedoch, daß, sollte eine Landung der West-Alliierten auf dem italienischen Festland erfolgen, diese von der Flotte ohne Rücksichtnahme anzugreifen und zu zerschlagen sei – oder selbst unterzugehen... (Badoglio hatte zwar einerseits an den Waffenstillstandsverhandlungen mit den Alliierten teilgenommen, andererseits täuschenderweise an dem Bündnis mit Deutschland festgehalten.) Der nicht in die Verhandlungen mit den Alliierten eingeweihte Flottenchef, Admiral Carlo Bergamini, war bereit, zu kämpfen und vertrat die Ansicht, daß die italienische Flotte unbesiegt sei und ihr Land verteidigen werde. Zu diesem Zweck ließ er noch in den Tagen vor dem 9. September Gefechtsübungen vor La Spezia durchführen. Den von der Supermarina (dem höchsten italienischen Marine-Kommando) erhaltenen Befehl, eine auf dem italienischen Festland beginnende Landung der Alliierten durch einen eigenen Flotten-Angriff abzuschlagen, gab Bergamini an seine Schiffskommandanten weiter. (Von einigen mit den Alliierten paktierenden Kommandanten, denen Bergamini nicht vertrauenswürdig erschien, wußte der Admiral nichts...)

Am 8. September, anläßlich der Kommandanten-Besprechung an Bord der Roma, *um 15:00 Uhr, erging der Angriffsbefehl. Bergamini hatte nochmals nachdrücklich angeordnet, wie die Landungsflotte der Alliierten anzugreifen sei – mit vollem Einsatz...*

Zur Zeit dieser Befehlsausgabe verkündete gleichzeitig Radio Algier, daß Italien bedingungslos kapituliert habe. Da gerade die Feindsender aufmerksam abgehört wurden, verbreitete sich diese sensationelle Information sehr schnell. Doch Bergamini gab dennoch seine Absicht, zu kämpfen, nicht auf.

Am frühen Abend des 8. September wurde um 18:30 Uhr durch General Eisenhower offiziell bekannt gegeben, daß er mit Italien und dessen Streitkräfte ein Waffenstillstandsabkommen getroffen habe. Bergamini wurde nun von Admiral Samsonetti, dem Vertreter des Marine-Ministers, telefonisch instruiert, zur Insel Malta auszulaufen und die Flotte an die Alliierten zu übergeben. Gemäß der Order der Alliierten hätten die italienischen Kriegsschiffe nun schwarze Flaggen hissen und am Bug schwarze Kreise zeigen müssen *(schwarz sind im Allgemeinen die Piraten-Flaggen, doch in diesem Fall sollte damit angezeigt werden, daß die Flotte nicht kämpfen würde)*, außerdem war der Kurs Südwest von den Alliierten vorgeschrieben worden. Bei Einhaltung dieses Kurses mußte die italienische Flotte die Westseite Korsikas und Sardiniens passieren und ließ somit jenen See-Bereich im Tyrrhenischen Meer, in dem die Invasionsflotte der Alliierten in Richtung Salerno strebte, unberührt...

De Courten ersuchte nun Bergamini, die italienische Flotte zu übergeben, doch Bergamini lehnte eine derartige Handlung entschieden ab und sagte, daß er diesen Befehl verweigere, seine Flotte werde weder schwarze Flaggen tragen, noch werde sie nach Malta fahren. Zwischen Bergamini und De Courten kam es zu einem Disput. Da man keine Einigung finden konnte, empfahl der Marine-Minister telefonisch, daß die Flotte wenigstens auslaufen und vorläufig erst einmal den befohlenen Südwest-Kurs einschlagen sollte. Dann könne sie immer noch ihren Kurs in Richtung Osten wechseln und durch die Straße von Bonifacio nach La Maddalena fahren – einer Hafenstadt an Sardiniens Nordost-Spitze. Zögerlich erklärte sich Bergamini, der sich nicht den Alliierten ergeben wollte, zu diesem Kompromiß bereit, um dann auf See oder vor La Maddalena abzuwarten, wie sich die Situation entwickeln würde. So verließ Bergamini mit seiner Flotte in der Nacht vom 8. auf den 9. September La Spezia mit Kurs Südwest und mit einer Geschwindigkeit von 24 Knoten *(44,5 km)*. Diesem

Verband schlossen sich noch weitere drei Kreuzer und zwei Zerstörer aus Genua an. *(Seit Badoglios Machtübernahme war die italienische Flotte bis zu ihrem Auslaufen von den Alliierten nicht angegriffen worden – die La Spezia nahen Städte hingegen wurden stark bombardiert.)*

Der wachsame deutsche Admiral Meendsen-Bohlken, der die deutschen Seestreitkräfte im Mittelmeer befehligte und gleichzeitig Verbindungsoffizier zur Supermarina war, stellte am frühen Vormittag des 9. September fest, daß die italienische Flotte La Spezia verlassen hatte und meldete dieses umgehend nach Deutschland. Daraufhin befahl Reichsmarschall Hermann Göring gegen 10:00 Uhr persönlich dem Chef der in Frankreich stationierten Luftflotte 3, Generalfeldmarschall Hugo Sperrle, daß die italienische Flotte sofort anzugreifen und zu versenken sei. Sperrle setzte dafür das Kampfgeschwader 100 ein – mit dessen in Istres stationierter III. Gruppe…

Der „große Tag" für die III. Gruppe des KG 100, meine Besatzung und mich, war dieser 9. September 1943. Es hieß, daß die italienische Kriegsflotte mit einem Verband von Schlachtschiffen und Kreuzern ihren Kriegshafen La Spezia verlassen hatte und nach dem Bündniswechsel der Italiener zu den Engländern verlegen wollte. Als wir davon erfuhren, waren wir auf diesen nun endlich definitiv sicheren Einsatz sehr gespannt. Wochenlang hatten wir auf einen Einsatz gegen wenigstens *ein* großes Schiff gewartet; jetzt sollten wir plötzlich Gelegenheit bekommen, gleich eine ganze Kriegsflotte anzugreifen.

Um 10:10 Uhr wurde der Alarm ausgelöst, und die Mechaniker erhielten den Befehl zum Fertigmachen der Maschinen und wir unseren Einsatzbefehl. Da ein derartiger Einsatz für uns in Istres noch keineswegs Routine war, setzte ein reges Treiben ein. Die Maschinen wurden startklar gemacht, die Bomben einschließlich der komplizierten Funktechnik aufgehängt und die Quarze für die verschiedenen Funkfrequenzen beim Fernlenkbomben-Abwurf verteilt. *(Quarze waren kleine, runde Teile, ungefähr von der Größe eines Flaschenverschlusses und wurden in die Funkgeräte geschraubt. Sie waren das Geheimste an dieser Geheimwaffe.)* Die Besatzungen wurden zum Gruppengefechtsstand befohlen und der Einsatzplan bekannt gegeben.

Mit ”meiner” Do 217 auf dem Militär-Flugplatz bei Istres.

Im Gefechtsstand erwartete Geschwaderkommodore Major Bernhard Jope die Besatzungen zur Einsatzbesprechung. Major Jope, der ebenfalls an diesem Einsatz teilnahm, erklärte uns zunächst die erkannte Feindlage mit der beabsichtigten italienischen Flottenbewegung von La Spezia nach Korsika oder Sardinien. Wir erhielten den Auftrag, die Flotte in der Nähe der Inseln zu erfassen, anzugreifen und mit unseren modernen und geheimen Fernlenkbomben *Fritz X* möglichst viele Schiffe zu versenken. Es erfolgte noch eine Information über die ungefähre Anzahl der Schiffe und der Schiffstypen, wobei das 43.624-Tonnen-Schlacht- und Flaggschiff *Roma* das Hauptangriffsziel darstellte.

Während sich die III./KG 100 um 13:40 Uhr auf ihren bevorstehenden Einsatz vorbereitete, ließ Admiral Bergamini seine Flotte auf Ost-Kurs drehen, in Richtung des Hafens von La Maddalena. Doch die Aufklärer der Alliierten entdeckten den Kurswechsel der Italiener... In der Folge kam es zu einem ersten Bombenangriff auf Bergaminis Flotte aus 6.000 Metern Höhe *(wer diesen Angriff durchführte, wurde niemals wirklich aufgeklärt, es gibt diesbezüglich viele widersprüchliche Aussagen)*. Doch die Flotte fuhr mit Zick-zack-Kurs weiter in Richtung auf La Maddalena, was die Alliierten aufs Höchste beunruhigte, denn ihre Landung im Golf von Salerno hatte gerade begonnen, und wenn Bergamini diesen Kurs hielt *(durch die „Straße von Bonifacio" und weiter nach Osten)*, dann mußte seine Flotte unweigerlich in die Nähe der Landeflotte der Alliierten geraten, denn von Bergaminis Absicht, La Maddalena anzulaufen wußten sie nichts. Die italienische Kriegsflotte näherte sich indessen der nahe vor der nordwestlichen Spitze Sardiniens gelegenen kleinen Insel Asinara...

Um kurz vor 14:00 Uhr starteten die Besatzungen der III. Gruppe zum Angriff auf die italienische Flotte. Auch ich startete mit meiner Besatzung und mit großer Spannung, was uns wohl erwarten würde. Das Fliegen über See waren wir inzwischen gewohnt, doch geschah das ganze nun unter Feindflugbedingungen. Eine massierte Flak-Abwehr von dem Schiffsverband wäre für uns keine Überraschung... Große Sorge hatten wir betreffs der feindlichen Jäger, wegen unseres Schwächemoments während des Bombenabwurfs. Wir waren uns auch bewußt, daß mit dem Angriff auf den Schiffsverband ein Einsatz stattfand, den man nur einmal erlebte – oder möglicherweise gar nicht überlebte. Die Tatsache dieser Einmaligkeit erfüllte uns mit besonderer Faszination und gleichzeitig mit äußerster nervlicher Anspannung. Wir wußten auch, daß es nicht die geringste Chance gab, einen begangenen Fehler beim Abwurf der Bombe wieder gut zu machen und waren uns der Endgültigkeit des Geschehens voll bewußt.

Nach wenig mehr als einer Stunde Flugzeit sichteten wir bei wolkenlosem Himmel um 15:42 Uhr den italienischen Flottenverband aus einer Höhe von 7.000 Metern. *(Ich werde den einmaligen Anblick nie vergessen, wie die 19 Schiffe mit Volldampf in die „Straße von Bonifacio" fuhren. Nur blieb keine Zeit, sich länger dieses wunderbaren Anblicks zu erfreuen, denn jetzt mußte alles sehr schnell gehen.)*

Es setzte von der Flotte herauf sofort schweres Flak-Feuer ein, dessen Granaten aber noch in einiger Entfernung unter uns explodierten. *(Ich muß gestehen, daß ich in diesem Moment und während des Anblicks der vielen Schiffe gar nicht daran dachte, eines von ihnen wahrscheinlich gleich zu versenken und somit viele seiner Besatzungsmitglieder dem Tod ausliefern würde. Es war Krieg, und wir hatten, genau wie jeder Frontsoldat, einen Angriffsbefehl zu befolgen. Ich hoffte bei diesem Angriff natürlich auf unseren Erfolg – der aber auf der anderen Seite so unendlich viel grausames Elend bedeutete… Der Anblick der Kriegsflotte aus der großen Höhe vermittelte den Eindruck von Spielzeugschiffen und erweckte kein besonderes Mitgefühl für die bedrohten Menschen dort unten.)* Ich stellte in diesem Moment ausschließlich den militärischen Erfolg in den Vordergrund. *(Heute stehe ich fassungslos einer derartigen Menschenvernichtung gegenüber, wobei mich ganz besonders berührt, persönlich an diesem schrecklichen Ereignis beteiligt gewesen zu sein.)* Doch nun galt es, schon während des Anflugs keine Zeit zu verlieren, und sich ein besonders großes Schiff für den Angriff auszusuchen. Seit der Einsatzbesprechung wußten wir, daß eines der Schiffe dort weit unter uns Bergaminis Flaggschiff, die *Roma*, war. Ich hielt sofort auf eines der drei größten Schiffe zu und vollzog den Anflug zum Bombenabwurf.

Nach kurzer Beobachtung der Flotte stellten wir fest, daß die Schiffe einen ständigen Zick-zack-Kurs fuhren *(von dem ersten, bereits erfolg-*

ten – erfolglosen – Bombenangriff war uns nichts bekannt). Man mußte folglich beim Bombenabwurf, speziell bei der Bombensteuerung, ganz besonders aufpassen und die Kursänderungen innerhalb der 41 Sekunden vom Moment des Abwurfs berücksichtigen. Es blieb jetzt keine Zeit, viel nachzudenken; alles mußte sehr schnell gehen, denn einen zweiten Anflug zum Bombenabwurf wollte ich auf jeden Fall vermeiden. Mein Beobachter ermittelte mit dem Lotfernrohr-Zielgerät hochkonzentriert die exakte Entfernung des von mir ausgewählten Schiffs für den Bombenabwurf – der genau im richtigen Moment durch Knopfdruck ausgelöst wurde. Da wir immer aus derselben Höhe von 7.000 Metern bombardierten, war das hierfür erforderliche Fingerspitzengefühl schon fast zur Gewohnheit geworden. Der Abwurfwinkel betrug annähernd 60°. Sofort ging ich in den Steigflug über und reduzierte die Geschwindigkeit des Flugzeugs drastisch auf das äußerste vertretbare Mindestmaß. Inzwischen hatte der Bordmechaniker begonnen, laut alle 10 Sekunden anzusagen, und der Beobachter saß konzentriert über seinem Bombensteuergerät und hörte aufmerksam zu, wie die Sekunden verrannen. Jetzt mußten wir zeigen, was wir in den vielen theoretischen und praktischen Übungsstunden gelernt hatten. Dieses waren die 41 Sekunden der Wahrheit...

Der Beobachter war in ungeheurer Anspannung, denn auf seinen Schultern lastete in diesem Augenblick die gesamte Verantwortung. Aber er behielt für die uns schier unendlich erscheinenden 41 Sekunden die Nerven, und der Bordmechaniker sagte präzise alle zehn Sekunden an. Ab der 31. Sekunde zählte er jede Sekunde laut. Die Spannung steigerte sich zur Unerträglichkeit – bis endlich die erlösende Sekunde mit der „magischen" Zahl 41 ausgerufen wurde. *Jetzt* mußte die Bombe exakt in ihrem Ziel einschlagen. Es war genau 15:46 Uhr.

Es war alles genau so abgelaufen, wie wir es oft geprobt hatten, denn unsere Bombe traf das Schiff am Heck *(was durch ein Zielfoto und mit einer Urkunde belegt wurde – daß es sich dabei um die „Roma" gehandelt hatte, erfuhren wir erst später)*. Selbstverständlich wurde der Bombentreffer von meinem Beobachter, Unteroffizier Penz, genau

Rechte Seite: Übersichtplan mit den Bewegungen der italienischen Kriegsflotte, der Landungsflotte der Alliierten und der Flugroute der III./KG 100.

N
© von Keusgen
Frank-
reich
Italien
Adriatisches
Meer
Genua
La Spezia
Monte
Carlo
Istres
Marseilles
Ligurisches Meer
Ital. Kriegsflotte 9.Sept.
Dtsch. Luftwaffe - Angriff III./KG 100 9.Sept.
Elba
Korsika
Rom
Foggia
Ajaccio
Versenkung
der "Roma"
9.Sept.
Straße von Bonifacio
La Maddalena
Asinara
Neapel
Salerno
Sassari
Tyrrhenisches Meer
Sardinien
Invasionsflotte der Alliierten 9.Sept.
Cagliari
Mittelmeer
Palermo
Sizilien
Ital. Kriegsflotte - Weiterfahrt 10.Sept.
Tunis
Malta
Valletta
Nord-Afrika

gesehen. Ich mußte mich indessen ausschließlich um alle fliegerischen Belange während des Beschusses durch die Flak kümmern; so hatte ich keine Gelegenheit, nach unten sehen zu können.

Der Einschlag der zweiten PC 1400 auf der "Roma" zwischen Kommandoturm und dem zweiten vorderen Hauptgeschützturm.

(Erst im Verlauf etlicher Jahre erfuhr ich mehr Einzelheiten betreffs unserer Bombardierung. So soll unsere PC 1400 beim Einschlag in das Schiffsdeck gar nicht explodiert sein und sogar noch den Schiffsboden durchschlagen haben, was zur Folge hatte, daß große Mengen Seewassers in den Rumpf eindrangen. Es ist auch davon auszugehen, daß die Ruderanlage oder eine Antriebswelle oder Schraube der „Roma" beschädigt wurde und das Schiff folglich nicht mehr voll manövrierfähig war. Die „Roma" setzte dennoch ihre Fahrt mit nur noch 16 Knoten fort. Doch fünf Minuten später erhielt sie einen noch folgenschwereren Volltreffer mittschiffs. Diese zweite „Fritz-X"-Bombe war von Unteroffizier Eugen Degan, dem Beobachter der Besatzung des Oberfeldwebels Kurt Steinborn, gelenkt worden. Degan hatte die „Roma" genau an der richtigen Stelle getroffen – zwischen der Kommandobrücke und dem zweiten vorderen Geschützturm. Die starke Panzerung des Panzer-Oberdecks wurde durchschlagen und die PC 1400 zündete erst im Inneren des Schiffskörpers, wodurch eine vernichtende Zerstörung ausgelöst wurde, denn durch den Treffer explodierte die gesamte, im vorderen Hauptmagazin gelagerte Munition. Die Wucht der Explosionen war derart stark, daß der fast 1.000 Tonnen schwere Geschützturm 2 weggesprengt wurde. Die „Roma" kenterte kurz darauf, zerbrach in

Die"Roma" nach dem zweiten Bombentreffer und im Moment der Explosion ihrer Munition im vorderen Hauptmagazin.

zwei Teile und versank in eine Tiefe von über eintausend Meter. 1.254 Seeleute kamen dabei ums Leben, so auch der Oberbefehlshaber der italienischen Flotte, der 56-jährige Admiral Carlo Bergamini; 595 Männer überlebten den Untergang. Wir selbst konnten die erst fünf Minuten nach uns von der zweiten Bombe getroffene, stark qualmende und sinkende „Roma" nicht mehr sehen, da wir uns zu dieser Zeit bereits auf dem Rückflug befanden. Auch das der „Roma" folgende Schlachtschiff, ihr Schwesternschiff „Italia", erhielt einen „Fritz-X"-Treffer und nahm

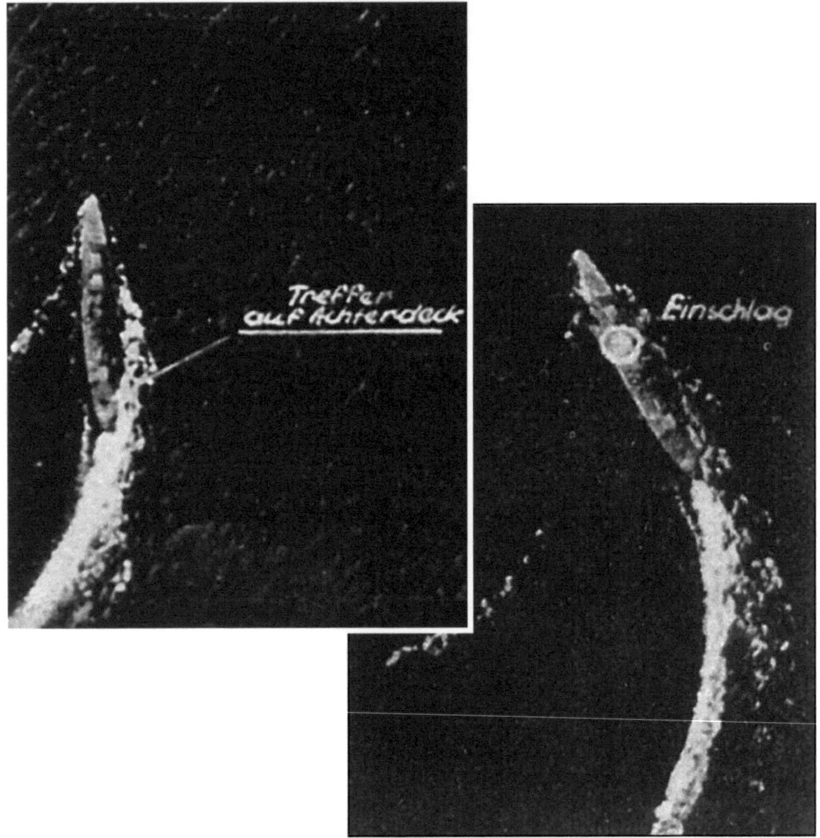

Die Zielfotos von den beiden Bombenabwürfen auf die „Roma".
Foto links: Der erste, vom Unteroffizier Penz meiner Besatzung erzielte Treffer auf dem Achterdeck.
Foto rechts: Der zweite, vom Unteroffizier Eugen Degan der Besatzung des Oberfeldwebels Kurt Steinborn erzielte Treffer mittschiffs, der zum Untergang der „Roma" führte.

in der Folge 800 Tonnen Wasser auf, die es jedoch nicht an seiner Manövrierfähigkeit hinderten. Außerdem wurden noch zwei Kreuzer beschädigt, doch konnten sie ihre Fahrt aus eigener Kraft fortsetzen.

Nach dem Angriff auf die italienische Kriegsflotte durch die III. Gruppe des Kampfgeschwaders 100 erfolgte einige Zeit darauf noch ein weiterer Bombenangriff durch hoch fliegende Bomber, von dem, wie beim ersten Angriff, niemals geklärt wurde, wer ihn ausgeführt hat…

Admiral Oliva, der nach dem Untergang des Flaggschiffs nun die Flotte führte, änderte den Kurs wieder in die ursprünglich befohlene Richtung Südwest. Den Italienern kam dann der britische Admiral Cunningham mit den Schlachtschiffen „Warspite" und „Valiant" sowie einigen Zerstörern entgegen und geleitete ihre angeschlagene Flotte in den Hafen von Valetta auf Malta.)

Als wir nach unserem Angriff den Bereich des Flakfeuers über der italienischen Flotte verlassen hatten, stellte sich bei allen Besatzungs-mitgliedern enorme Erleichterung ein. Noch unter dem Eindruck der Ereignisse stehend, freuten wir uns über den Heck-Treffer auf der Roma. Unter diesen besonderen Umständen hatten wir uns selbst beweisen können, was wir gelernt hatten. Durch das reibungslose Zusammen-wirken aller Besatzungsmitglieder hatten wir unseren Befehl ordentlich ausgeführt und die Bombe ins Ziel gebracht. Die 41 Sekunden bis zum Einschlag waren für uns an diesem Tag zur Realität geworden. Noch sehr lange sprachen wir über diesen denkwürdigen Einsatz. Trotz des Mitgefühls mit den geschlagenen Gegnern hatte die Freude über den militärischen Erfolg und unsere glückliche Heimkehr überwogen.

(Es klang wie ein „trockener" Wehrmachtbericht, als es hieß, „alle Besatzungen wohlbehalten nach Istres zurückkehrt", reflektierte aber nicht im Geringsten die durchgestandenen Momente des Erlebten…

Wie ich viel später erfuhr, hatten die Italiener mit einem derartigen Angriff nicht mehr gerechnet. Als sie aber die 18 deutschen Flugzeuge, die an dem Angriff beteiligt waren, kommen sahen und feststellen muß-ten, daß die Bomben in einem Winkel von 60° abgeworfen wurden, hatten sie geglaubt, daß es sich lediglich um einen Warnangriff handeln würde, um die Flotte vor dem Überlaufen zu den Engländern durch einen Schuß hinter das Heck einzuschüchtern. Die Schiffsbesatzungen waren dahingehend informiert, daß Bombenabwürfe mit normalen Bomben in einem Winkel von 80° erfolgen – ein verhängnisvoller Irrtum. Erst kurz vor dem Bombeneinschlag hatten sie erkennen können, daß sie tatsächlich angegriffen wurden.)

Am 11. September, zwei Tage nach der Versenkung des Schlachtschiffs, wurde durch den britischen Radiosender BBC bekanntgegeben: „… Roma versenkt."

Erst durch diese Radiomeldung erfuhren die deutsche Seekriegleitung und die Führung vom erfolgreichen Einsatz der „Fritz X"-Bombe…

Die Alliierten kamen im Verlauf des Septembers 1943 in Süd-Italien immer weiter voran, so daß der nur 105 Kilometer von Salerno entfernte Flugplatz bei Foggia für uns nicht länger zur Verfügung stand. In dieser letzten Foggia-Phase flog mein Staffelkapitän, Leutnant Michelis, am 16. September 1943 noch einen Einsatz in die Golfe von Salerno und Nettuno, von dem er und seine Besatzung, zu der ausnahmsweise auch der *Roma*-Versenker, Unteroffizier Degan gehörte, nicht mehr zurückkehrten. *Da Michelis´ Beobachter erkrankt war, hatte er Oberfeldwebel Steinborn, dessen Flugzeug zu dieser Zeit in Orleans repariert wurde, gebeten, ihm seinen Beaobachter, Unteroffizier Eugen Degan, für diesen Flug zur Verfügung zu stellen. Wir waren alle sehr betroffen über dieses Mißgeschick. (Vermutlich war Leutnant Michelis an dem Angriff auf das englische Schlachtschiff "Warspite" vor Salerno beteiligt gewesen. Es wurde an diesem Tag schwer beschädigt. So ist es wahrscheinlich, daß Michelis nach dem Abwurf seiner PC 1400 von feindlichen Jägern abgeschossen wurde. Wir haben über den Verbleib der Kameraden leider niemals etwas erfahren. Der Verlust dieses routinierten und väterlichen Staffelkapitäns war für uns alle sehr schmerzlich. Er war ein talentierter Pilot und beispielhafter Vorgesetzter.)*
Nach dem tragischen Verlust unseres Leutnants Michelis wurde Oberleutnant Rosendahl unser neuer Staffelkapitän. Für uns war es gewöhnungsbedürftig und nicht so angenehm, daß der Staffelkapitän kein Flugzeugführer sondern Beobachter war, der einen Obergefreiten als Piloten hatte. Menschlich war es natürlich völlig gleichgültig, ob Pilot oder Beobachter, aber wir waren es so gewohnt gewesen, daß unsere Vorgesetzten selbst Piloten waren. Sie waren dann unabhängiger und

nicht immer auf einen Flugzeugführer angewiesen. Die militärische Situation bedingte bald, daß wir uns auch von dem Flugplatz bei Istres zurückziehen mußten. Wir hatten uns zwar in den fast vier Monaten an Istres gewöhnt, freuten uns aber auch auf die Verlegung nach Toulouse.

Im Oktober 1943 verlegten wir von Istres nach Toulouse. Dort fehlten uns allerdings die unserem Einsatz mit den *Fritz-X*-Bomben entsprechenden Schiffsziele, so daß außer einigen Aufklärungsflügen in Richtung Atlantik keine weiteren Einsätze geflogen wurden. Auch hier hatten wir die Situation, daß unsere II. Gruppe immer wieder Schiffsziele im Atlantik angriff, die für unsere schweren Bomben zu klein waren. Die Warterei auf unsere Einsätze ging also wieder weiter, dafür begeisterte uns, ganz im Gegenteil zu dem langweiligen Istres, die lebhafte und interessante Großstadt Toulouse.

Bei der Einnahme und Besetzung von Foggia, am 27. September 1943, hatten die Alliierten einen Teil der strenggeheimen Fernlenkbomben (teilweise noch in der Originalverpackung) erbeuten können, was den Deutschen jedoch unbekannt blieb. Nach diesem Erfolg und der Erlangung geheimster Kenntnisse hatten die Alliierten bald ein Verfahren entwickelt, um die drahtlose Ultrakurzwellenlenkung der Bombe so zu stören, daß es zu Fehlsteuerungen kam. Man versuchte daher, mit einer nunmehr drahtgesteuerten Bombe diesen Störungen zu entgehen – was auch gelang. Ich selbst kam mit einer drahtgesteuerten Bombe niemals mehr zum Einsatz. Die Einsatz-Möglichkeiten wurden ab Ende Oktober 1943 aus verschiedenen Gründen stark eingeschränkt. Die Alliierten hatten an ihren Landungsstellen in Süd-Italien inzwischen eine derartige Luftüberlegenheit erlangt, daß Einsätze mit Fernlenkbomben kaum noch möglich waren. Die Einsätze wurden mit immer größeren Verlusten geflogen. Diese Verluste bedingten wiederum, daß die durch feindliche Bombenangriffe immer mehr dezimierte deutsche Industrie sowohl mit der Produktion von Flugzeugen der Typen Do 217 K1 und K2, BMW-801-Motore wie auch Fernlenkbomben mit ihren sehr empfindlichen Funkeinrichtungen keineswegs mehr nachkommen konnte. Die Kampfgeschwader 26 und 40 benötigten ebenfalls dringend Do-217-Flugzeuge, doch die BMW-801-Motore wurden dringender für den Jäger FW 190 benötigt.

Ständige Streitereien und Informationsmängel im Reichsluftfahrtministerium betreffs der Fernlenkbombe „Fritz X" führten dazu, daß ihr nicht mehr die Bedeutung beigemessen wurde, die ihr zukam. Ihre Fertigung wurde immer mehr verlangsamt, bis man ihre weitere Produktion schließlich ganz einstellte, während man die HS 293 (Gleitbombe mit Tragflächen) mit ihren größeren Einsatzmöglichkeiten noch in erheblicheren Stückzahlen weiterbauen ließ.

Verlegung nach Eggebeck

Am 27. November starteten wir bei tiefhängenden Wolken und Frost von Toulouse zu einem „Schreckensflug" nach Eggebeck in Schleswig-Holstein, zwischen Flensburg und Schleswig. Eggebeck war ein unbedeutender Flugplatz in einer ausschließlich ländlichen Umgebung einer nur kleinen Ortschaft.

Da die ganze Gruppe mit dem gesamten Bodenpersonal verlegte, waren für jede Maschine nicht die üblichen vier, sondern sieben Personen vorgesehen, was normalerweise kein Problem bedeutete. Bei diesem Flug stellte sich allerdings heraus, daß dieser Umstand doch zu einem Problem werden konnte:

Während der Transportbesprechung wurde genau festgelegt, welche Personen bei welchen Besatzungen mitfliegen sollten. Als auch für meine Maschine alles festgelegt war, stiegen wir in das Flugzeug und versuchten, so gut es ging, auf dem engen Raum für die Dauer des mehr als drei Stunden anhaltenden Fluges unterzukommen. Es war für mich erneut eine ungewohnte Aufgabe, mit so vielen Personen an Bord über eine so große Strecke und unter derart ungünstigen Witterungsbedingungen alle sicher an den Zielort zu bringen. Dann konnten wir starten.

Als ich kurz nach dem Start auf Höhe ging, begann das Drama mit einer starken Vereisung der Tragflächen – was eine tödliche Gefahr bedeutete. Erstens konnte das Gewicht durch die Eisschicht dermaßen schwer werden, daß der Auftrieb nicht mehr ausreichte, oder die Beweglichkeit der Ruder konnte durch das Eis beeinträchtigt werden. Ab 200 Meter befand ich mich in den Wolken und versuchte nun, durch ständiges Steigen, der Vereisung zu entkommen, wobei der Idealfall ein Flug über den Wolken gewesen wäre. Nachdem ich aber bei 6.000

Meter die Wolkenobergrenze immer noch nicht erreicht hatte, blieb mir nichts anderes übrig, als in den Wolken zu bleiben. Glücklicherweise wurde die Vereisung nicht stärker, so blieb meine Maschine weiterhin flugfähig. Jedoch bedingte die große Flughöhe, daß wir ab 4.000 Meter die Sauerstoffmasken benötigten, von denen aber für die sieben an Bord befindlichen Personen nur vier zur Verfügung standen. Als Pilot bekam ich eine Maske für den permanenten Gebrauch, die anderen sechs Personen mußten sich drei Masken teilen. Kurz darauf stellte sich uns ein weiteres Problem:

Wegen eines Funkausfalls hatten wir plötzlich auch keine Funkfeuerorientierung mehr und konnten deshalb nur noch nach der im Fliegerjargon sogenannten „Koppelnavigation" fliegen. Dies war die primitivste Möglichkeit, sich zu orientieren, was normalerweise bei Erdsicht keinerlei Schwierigkeiten bereitete. In den Wolken war das jedoch ganz anders; hier waren lediglich Geschwindigkeit und Flugzeit die Indikatoren für die ungefähre Zielankunft. Dabei ist zu berücksichtigen, daß die am Stau gemessene Geschwindigkeit und die tatsächliche Geschwindigkeit über Grund wegen äußerer, nicht genau zu bestimmender Strömungseinflüsse im allgemeinen nicht übereinstimmten. Jedes Flugzeug hat irgendwo außen ein Staurohr, über das die Geschwindigkeitsmessung umgesetzt wird. Diese Abweichung konnte ich beim Flug in oder über den Wolken nicht berechnen, sondern nur schätzen. Alle diese unklaren und äußerst gefährlichen Umstände erzeugten in mir eine ungeheure Unruhe, die ich mir in keiner Phase gegenüber der mitfliegenden Personen anmerken lassen durfte.

Es wurde kein Wort gesprochen, jeder war irgendwie mit sich selbst beschäftigt. Nur Pilot und Beobachter saßen vorn in voller Konzentration und Anspannung; alle anderen dösten, teils erwartungsvoll, teils gelangweilt, vor sich hin. Die Entfernung von Toulouse nach Eggebeck betrug 1.280 Kilometer. Meine Geschwindigkeit am Stau betrug zwischen 310 und 320 Kilometer. Nach einer Flugdauer von vier Stunden wagte ich es, nach unten und durch die Wolken zu stoßen. Obwohl ich sicher annahm, mich mit dem Flugzeug inzwischen über der norddeutschen Tiefebene oder der Ostsee zu befinden, war das Durchstoßen bei Wolkenuntergrenzen von weniger als 200 Meter Höhe immer wieder ein sehr riskantes Manöver…

Als ich aus den Wolken herauskam, wurde mir bestätigt, daß mein Beobachter hervorragend navigiert hatte, denn das Flugzeug befand sich genau im Bereich der den Hafen von Kiel schützenden Fesselballone… Ein ungeheurer Schreck durchfuhr mich. Jetzt, nach dem überstandenen, sorgenvollen Flug, nur nicht noch mit solch einem Ballonseil kollidieren und abstürzen. Ich zog die Maschine sofort in einer scharfen Linkskurve hoch und entkam somit den Ballonsperren.

Nach diesem angespannten Flug mußten wir erst einmal richtig durchatmen und uns wieder sammeln. Nun galt es, mit Erdsicht den kleinen Flugplatz Eggebeck zu finden – was uns nach einigem Suchen auch gelang. Wir landeten sicher auf der ordentlich ausgebauten, betonierten Landebahn. Der Flugplatz lag gut getarnt im freien Feld mit den ihn umgebenden Unterkunfts- und Verwaltungsbaracken. *(Unsere Verlegung zur Auffrischung nach Eggebeck hatte unter äußerster Geheimhaltung stattgefunden, denn es war geplant, daß wir, zusammen mit der nach Leck verlegten II. Gruppe, von diesen beiden Einsatzorten einen Angriff auf die englische „Home Fleet" in Scapa Flow fliegen sollten. Danach sollten die beiden Gruppen unmittelbar nach Toulouse zurückverlegen und einen Angriff auf Schiffsziele bei Gibraltar durchführen. Von diesen beiden so dicht aufeinanderfolgenden Überraschungsangriffen zu derart weit auseinanderliegenden Zielen versprach sich die oberste Luftwaffenführung einen nicht unerheblichen Erfolg – jedoch fanden auch diese Einsätze niemals statt. Es herrschte auf beiden Auffrischungsflughäfen eine solche Ruhe, als gäbe es überhaupt keinen Krieg mehr. Von diesen beiden geplanten Einsätzen wußten wir damals allerdings nichts.)*

Von der III. Gruppe des Kampfgeschwaders 100 *Wiking* verlegten die 7. und die 9. Staffel nach Eggebeck, die 8. Staffel blieb in Faßberg, in der Lüneburger Heide. Ich war technischer Offizier der 7. Staffel und somit nicht nur für den technischen Zustand und die ständige Flugbereitschaft der Flugzeuge verantwortlich, sondern auch für die Dezentralisierung *(was in diesem Fall bedeutet, daß die Maschinen abends in weiten Abstand auseinandergezogen werden sollten, um bei einem eventuellen Bombenangriff eine größere Zerstörung innerhalb einer geballten Gruppe zu vermeiden).* Der technische Offizier der 9. Staffel, Leutnant Herbert Palme, konnte seine Flugzeuge abends problemlos auf der Betonstraße in den „Hangar" ziehen. Diese „Hangars" waren durchaus keine Flugzeugeinstellhallen, sondern lediglich aufgeschüttete Erdwälle, welche die zwischen ihnen stehenden Flugzeuge gegen die Splitterwirkung feindlicher Bomben schützen sollten. Ich mußte mit meinen Männern die Maschinen zur Dezentralisierung auf den zwar zum Flugplatz gehörenden benachbarten Acker ziehen, der aber nicht mit Gras bewachsen war. Bei gefrorenem Boden ging diese Arbeit zügig vonstatten; war er aber weich, bedeutete das Ziehen der schweren Flugzeuge eine ungeheure Quälerei, weil die Maschinen teilweise so tief in den Ackerboden einsanken, daß die Gefahr bestand, beim Ziehen mit der Zugmaschine die Federbeine abzubrechen, was eine Einsatzuntauglichkeit zur Folge gehabt hätte. So blieb nur die Möglichkeit, die Flugzeuge auch morgens auf dem Acker zu belassen, wenn sie denn nicht sicher auf den Flugplatz gezogen werden konnten. Eine daraus resultierende Nichteinsatzbereitschaft oder Verspätungen der Flugzeuge wurde aber seitens der Gruppenführung nicht akzeptiert...

Für diesen Mißstand war ich als technischer Offizier verantwortlich. Ständige Reibereien mit meinem Gruppenkommandeur, Hauptmann Herbert Pfeffer, waren somit vorprogrammiert, die schließlich seinerseits in häßliche Nachreden ausarteten. Die Position eines technischen Offiziers war auch noch aus einem anderen Grund für uns junge Offiziere sehr schwierig. Der Schwerpunkt unserer Ausbildung lag im fliegerischen Bereich. Wir wurden zwar auch in Motor- und Flugzeugtechnik umfassend ausgebildet, aber bei weitem nicht so eingehend, wie die Flugzeugwarte und Oberwerkmeister. Es ergab sich somit, daß mir, als technischer Offizier, Personal unterstellt war, das von der Materie, für die ich verantwortlich war, mehr verstand als ich selbst. Zudem waren die höheren Dienstgrade, ab Feldwebel aufwärts, auch älter und erfahrener. Dieser Zwiespalt zwischen Befehlsgewalt und fachlicher Unterlegenheit mußte demnach von mir sehr geschickt ausgeglichen werden. Meine Qualifikation als Flugzeugführer war mir dabei sehr nützlich.

Weshalb wir nach Eggebeck verlegt hatten, erfuhren wir nicht. Es hieß, *zur Auffrischung (was ich nicht nachvollziehen konnte)*, denn in Eggebeck waren bei Übungsflügen mehr Flugzeuge abgestürzt, als in den Wochen zuvor. Zuerst der Todesflug des Leutnants Belusa: Diese

Besatzung kehrte eines Tages vom Übungsflug zurück und kreiste aus unerklärlichen Gründen, ohne zu landen, mehrmals um den Platz. Es folgte eine Platzrunde nach der anderen, worüber wir uns sehr wunderten, weil wir den Grund für ein derartiges unerklärliches Flugmanöver nicht erkennen konnten. Wir schauten sorgenvoll zum Himmel auf und sahen, wie Belusa plötzlich in einer engen Linkskurve über die linke Tragfläche „abschmierte" und auf den Boden aufschlug. Sämtliche Besatzungsmitglieder waren sofort tot. Leutnant Belusa schien vom Flieger-Unglück besonders verfolgt, denn er war jener Pilot, der damals in Schwäbisch Hall bei der Landung mit seiner Do 217 so verhängnisvoll gegen die Hangar-Tore gerutscht war, daß die nach innen gekippten Tore die in der Halle stehenden Flugzeuge teilweise schwer beschädigt hatten. Dieser Absturz war eindeutig ein Fehler des Piloten, denn er war durch das Abreißen der Strömung, die den Auftrieb erzeugt, verursacht worden – derselbe Fehler, der mir auf der C-Schule mit der He 111 beim Nachtübungsflug unterlaufen war. Der gravierende Unterschied bestand allerdings darin, daß ich meinen Fehler unversehrt überlebt hatte...

Eines Tages sollten drei Flugzeuge zu einem Übungsflug starten. Von meiner dritten Position aus konnte ich sehen, daß die zuerst startende Maschine große Schwierigkeiten hatte. Sie konnte kaum an Höhe gewinnen und gerade noch den Flugplatz verlassen. Doch noch während der Startphase und vor der ersten Kurve stürzte sie plötzlich aus unerkennbaren Gründen unmittelbar hinter dem Platz ab. Direkt danach mußte die zweite Maschine starten. Bei ihr verlief alles ganz ähnlich. Auch sie hob nur gerade vom Rollfeld ab – und stürzte kurz hinter der Flugplatzgrenze auf den Acker. Sämtliche Besatzungsmitglieder beider Flugzeuge waren sofort tot.

Wir fragten uns, was wohl die Ursache für diese schrecklichen Abstürze war. Zunächst wurde mein Start sofort gestoppt. Nach der Untersuchung der Unfälle wurde vermutet, daß ich als technischer Offizier der 7. Staffel wegen eventueller falscher Kaltstartmischung die Verantwortung für die Unfälle zu tragen hätte. Es erfolgte eine militärische Anklage in Form eines Tatberichtes. Mit derartigen Berichten hatte ich ja bereits einige Erfahrung, was mir aber die Angelegenheit nicht erleichterte. Da der Ausgang eines solchen Verfahrens immer völlig offen war, bedeutete es, voller innerer Unruhe wochenlang auf das Ergebnis der pedantischen Untersuchungen zu warten.

(Kaltstart bedeutete, daß bei Temperaturen unter Null dem Motorschmierstoff zur Verringerung der zähflüssigen Viskosität etwas Kraftstoff beigegeben wurde. In meinem Fall nahm man an, daß dem Motorenöl zu viel Kraftstoff zugeführt worden war, die Motore folglich wegen zu geringer Schmierfähigkeit des Öls derart an Drehzahl beziehungsweise Zugkraft einbüßten, daß der zu geringe Auftrieb der Flugzeuge ohne jegliche Schuld der Piloten die Abstürze zur Folge hatte.)

Genaue weitere Nachuntersuchungen ergaben jedoch, daß die Kaltstartmischungen genau der Vorschrift entsprachen. Ich war rehabilitiert, und das Tatberichtverfahren wurde wegen erwiesener Unschuld eingestellt. Eine für mich nervenaufreibende Zeit ging glücklich zu Ende, doch hatten mich der Ärger mit dem Gruppenkommandeur und das Strafverfahren reichlich zermürbt, wovon ich mir aber nach außen hin nichts anmerken lassen wollte.

Während meiner Zeit in Eggebeck verlor ich auch meinen Freund, Leutnant Herbert Kuhr. Er hatte bisher den Krieg einschließlich der schwierigen und gefahrvollen Versorgungsflüge nach Stalingrad, im Winter 1942/43, gut überstanden, war aber von einem unproblematisch erscheinenden Deutschlandflug, Anfang 1944, nicht mehr zurückgekehrt. Wir erfuhren niemals, was im zugestoßen war.

In Eggebeck hatte ich privat eine sehr schöne Zeit, denn dort lernte ich die Leiterin der Luftnachrichtenhelferinnen, Hella Lehmann, kennen. Wir waren uns vom ersten Moment an sympathisch und freundeten uns schnell an – und bald wurde aus dieser Freundschaft Liebe. Da wir erfuhren, daß Hella Lehmann noch im Dezember 1943 nach Husum-Mildstedt versetzt werden sollte, nutzten wir die uns noch verbleibende Zeit, um uns jeden Tag zu treffen. Hella hatte ebenfalls vom Absturz der beiden Maschinen bei Eggebeck erfahren und wußte zunächst nicht, ob ich eine dieser beiden Maschinen geflogen hatte. So war sie glücklich, als sie hörte, daß man meinen Start im letzten Moment abgesagt hatte.

Nach Hellas Versetzung nach Husum wurden unsere Treffen wesentlich umständlicher und somit auch seltener, was unserer Liebe aber keinen Abbruch tat. Am 4. Februar 1944, meinem Geburtstag, verlegten die beiden Staffeln wieder zurück nach Toulouse. Beim Start stellte ich jedoch an den Motoren meiner Maschine Unregelmäßigkeiten fest, was mich wieder zur Landung in Eggebeck zwang. Als ich während der technischen Überprüfung meines Flugzeugs noch einmal unvorhergesehen meine Unterkunft aufsuchte, saß, für mich völlig überraschend, meine Mutter in dem Raum und gratulierte mir lächelnd zum Geburtstag. So war ich nun glücklich über diese unfreiwillige Landung, denn ich hatte meine Mutter seit fast einem Jahr nicht mehr gesehen. Wir verbrachten noch einige schöne Stunden zusammen, und es wurde ein schwerer Abschied. *(In jedem Abschied eines Piloten liegt die große Sorge, daß es ein Abschied für immer oder für eine sehr lange Zeit sein könnte. Dieser Abschied sollte für mehr als vier Jahre andauern...)*

Noch am selben Tag startete ich mit meiner Besatzung als Nachzügler nach Toulouse, wo wir wohlbehalten ankamen.

Wieder in Toulouse

An den uns bereits bekannten Flugplatz gewöhnten wir uns wieder schnell und freuten uns, auch wieder die schöne Stadt Toulouse besuchen zu können. Hier lag unsere II. Gruppe, die mit der 500 Kilo schweren Fernlenkbombe Hs 293 ausgestattet war. Für diese Gruppe waren im Atlantik häufig kleinere und mittlere Schiffsziele vorhanden, so daß von ihr laufend Einsätze geflogen wurden, während wir wieder ungeduldig am Boden warteten. Es war wirklich frustrierend, immer nur die Kameraden der II. Gruppe starten zu sehen, während wir ständig nur unsere Maschinen warteten. Von den Verlusten, die ihnen widerfuhren, wurde niemals gesprochen.

Als ich mit meinem Freund, Leutnant Horst Albrecht, Mitte Februar 1944 nach Bergamo in Nord-Italien verlegte, waren wir ein weiteres Mal in Erwartung auf einen Einsatz – jedoch wieder vergeblich. Dennoch kam große Freude bei uns auf, denn dort trafen wir Kameraden der II. Gruppe, von denen wir zwei bereits von der Flugzeugführerausbildung her kannten. Alle waren mit dem EK I oder sogar dem Deutschen Kreuz in Gold ausgezeichnet worden, und einige standen kurz vor dem

Ritterkreuz. Wir ließen uns zwar nichts anmerken, aber es berührte uns schon recht unangenehm, so „nackt" neben den erfolgreichen Kameraden zu stehen. *(Die beiden ausgezeichneten Kameraden, die wir kannten, sind später gefallen. Es war in diesem mörderischen Krieg nur sehr wenigen vergönnt gewesen, einerseits hohe Auszeichnungen zu erhalten und andererseits das Leben nicht zu verlieren.)* Am 7. März 1944 flogen wir, ohne in der ganzen Zeit irgend etwas ausgerichtet zu haben, nach Istres und dann wieder nach Toulouse zurück.

Als Mitte April 1944 ein Einsatz nach Plymouth geflogen werden sollte, kam Leben in unseren Verband. Endlich ein Einsatz, und dann noch nach England! Es sollte ein Nachteinsatz werden. Endlich nicht mehr warten müssen und wieder einmal zeigen können, was man gelernt hatte. Es war für unseren Gruppenkommandeur, Hauptmann Pfeffer, eine Selbstverständlichkeit, daß auch er an dem Einsatz teilnehmen würde, doch seine Besatzung war im Urlaub, und er stand allein. So entschied er, diesen Einsatz mit *meiner* Besatzung zu fliegen und mich als Landeleitoffizier zur Landeeinweisung für die vom Plymouth-Einsatz zurückkehrenden Maschinen auf den Kontrollturm des Flugplatzes abzukommandieren – ein für uns beide folgenschwerer Entschluß…

Er sagte: "Deumling, ich fliege mit Ihrer Besatzung. Weisen Sie Ihre Leute ein, begeben Sie sich in der Nacht auf den Turm und fungieren Sie als Landeleitoffizier für die vom Plymouth-Einsatz zurückkehrenden Besatzungen".

Ich war schockiert: „Jawohl, Herr Hauptmann…"

Für mich brach eine Welt zusammen. Hatten wir alle doch schon so lange Zeit und so sehr auf einen Einsatz gewartet *(in Anbetracht der immensen Gefahr aus heutiger Sicht unverständlich)*. Hauptmann Pfeffer ordnete an, daß ich mit meiner Besatzung einen gesonderten Unterricht darüber durchführen mußte, wie sie sich bei ihm in der Maschine und beim Einsatz zu benehmen hätten – eine für mich befremdliche Maßnahme. So blieb auch dieser Einsatz für mich ein unerfüllter Wunsch.

Die Maschinen starteten um 20:30 Uhr. Mit gemischten Gefühlen begab ich mich dann gegen 22:00 Uhr auf den Kontrollturm. Für kurz nach Mitternacht erwartete ich die Rückkehr der ersten Flugzeuge. Um

0:30 Uhr meldete sich die erste Maschine im Sprechfunk bei mir an. Die Landung wurde von mir freigegeben. Die anderen Flugzeuge folgten in kurzen Abständen und wurden von mir in der Reihenfolge in gleicher Weise zur Landung eingewiesen.

Als ich alle Maschinen registriert hatte und nach einiger Zeit keine mehr folgte, stellte ich fest, daß Hauptmann Pfeffer mit meiner Besatzung noch fehlte. Schreckliche Gedanken wirbelten durch meinen Kopf. Sollte Hauptmann Pfeffer tatsächlich mit meiner Besatzung abgeschossen worden sein? Noch lange blickte ich in die dunkle Nacht hinaus und wartete vergeblich… Meine Männer, mit denen ich über ein Jahr lang in meiner Maschine viele Gefahren erlebt und überstanden hatte, sollten nun gestorben sein, weil ein in Feindflügen unerfahrener Hauptmann ohne ausreichende Beachtung des ungeheuren englischen Schutzschildes an Jagd- und Flak-Abwehr einen „Harakiri-Flug" durchgeführt hatte? Alle anderen Besatzungen waren wohlbehalten nach Toulouse zurückgekehrt – seine eigene hatte Pfeffer nicht mitgenommen… Meine unheimliche Ahnung wurde zur Wahrheit.

(Betreffs des Einsatzes von Hauptmann Herbert Pfeffer und meiner alten Besatzung erfuhr ich erst während meiner Arbeit an diesem Buch, daß mein Bordfunker, Wilhelm Friedrich, in englische Gefangenschaft geraten und alle anderen ums Leben gekommen waren. Pfeffers damalige Entscheidung, gerade mich von dem von mir erwünschten Einsatz fernzuhalten, war die Folge unserer früheren Differenzen. Er hatte mich ironischerweise mit dieser Maßnahme bestrafen wollen. Da es ungewiß ist, ob ich den Einsatz lebend überstanden hätte, kann ich im Nachhinein über diese Entscheidung für mich nur froh sein, aber ich habe damals lange gebraucht, über diesen schweren Verlust hinweg zu kommen. Ein Jahr lang waren meine Männer und ich fast täglich zusammen gewesen, hatten gemeinsam alle schönen und schweren Stunden miteinander geteilt, alle Einsätze und Gefahren gemeinsam überstanden. Ich habe den Verlust der Kameraden aus unserer Verbundenheit als sehr schmerzlich und unersetzlich empfunden. Natürlich wünscht man niemandem den Tod, aber welch ungeheure Tragik, daß gerade der Mann, den ich aus meinem Umfeld am besten hätte entbehren können, genau jene Menschen in den Tod geflogen hat, die mir bei der Luftwaffe am nahesten standen…)

Nach meiner Rückkehr aus dem Urlaub wurde mir dann die Besatzung des Hauptmanns Pfeffer zugeteilt, mit der ich mich bald auch so gut wie mit meiner ehemaligen verstand. Unteroffizier Ullrich war Beobachter, Feldwebel Lesk Bordfunker und Oberfeldwebel Wichert war Bordmechaniker. *(Mit dem neun Jahre älteren Alfred Wichert, dem Ältesten unserer Besatzung, habe ich mich ganz besonders gut verstanden und ihn als einzigen Kriegskameraden in den 50er Jahren mehrmals in seinem Wohnort Celle besucht und viele schöne Stunden mit ihm und seiner Familie verbracht. Leider wurde Wichert beruflich weit von mir entfernt versetzt, und so verloren wir uns den Augen.)*

Zur II. Gruppe nach Aalborg/Dänemark

Im Mai 1944 wurden mein Freund, Leutnant Horst Albrecht, und ich nach Aalborg-West in Dänemark versetzt. Ganz gleich, wie es nun weitergehen würde, ich freute mich über die Veränderung. Wir mußten mit dem Zug nach Aalborg – von Toulouse eine schier unendliche Bahnfahrt, die glücklicherweise ohne Zwischenfälle verlief. Die Fahrt ging über Montpellier, Avignon, Lyon, Dijon, Mühlhausen, Freiburg/Breisgau, Frankfurt, Hamburg und dann über Flensburg, hinein in das unendliche, lange Jütland, über Aarhus nach Aalborg.

In Aalborg angekommen, war unser erster Weg der zum *Café Christine*. Wir hatten auf der langen Bahnfahrt kaum etwas gegessen und kamen uns hier nun vor wie im Schlaraffenland. Dann fuhren wir nach Aalborg-West zu dem riesigen Flugplatz und meldeten uns beim Gruppenkommandeur, Hauptmann Molly. Ich wurde der 4. Staffel und Horst Albrecht der 5. Staffel zugeteilt. Wir bewohnten aber gemeinsam dieselbe Stube. In der 4. Staffel wurde ich ZbV *(zur besonderen Verfügung)*, dienstgemäß „die rechte Hand" des Staffelkapitäns, Hauptmann Kahrweg, ich war verantwortlich für den gesamten Betrieb der Staffel außerhalb des Flugdienstes und mußte die Dienstpläne für die Staffel aufstellen, was bald bei dem wegen Treibstoffmangel stark verminderten Flugdienst gar nicht einfach war.

Außerhalb des immer seltener werdenden Flugdienstes verbrachten wir unsere Zeit mit Unterricht, Sport und Schwimmen im Meer. War ich bisher mit der Do 217 K2 und K3 geflogen, so mußte ich hier auf den für mich völlig neuen Flugzeugtypen He 177 *Greif* umschulen. Die He 177 war ein viermotoriges Fernkampfflugzeug, das optisch wie ein zweimotoriges Flugzeug wirkte, weil jeweils zwei in V-Form gestellte Motore unter einer Haube für jeweils eine Luftschraube arbeiteten.

Zur Umschulung flog ich zunächst mit einem Piloten, der mit diesem Flugzeugtypen Erfahrung hatte, einige Platzrunden. Ich erlangte schnell Sicherheit und flog dann ohne Lehrer weitere Platzrunden. Bei der Do 217 hatten wir vier Personen Besatzungspersonal, zur He 177 gehörten sechs. Zu Flugzeugführer, Beobachter, Bordfunker und Bordmechaniker kamen noch der B2-Schütze und der Heck-Schütze hinzu, der ganz hinten im Heck saß und auch von dort aus einsteigen mußte, während für die anderen Besatzungsmitglieder der Einstieg ganz vorn, unter der Kanzel, war. Wenn keine Komplikationen auftraten, war die He 177 sehr angenehm zu fliegen.

(Wenn ich heute mit jemandem spreche und erwähne, daß ich die He 177 geflogen habe, bekomme ich oft zur Antwort: „Ah, das fliegende Feuerzeug".

Nachträglich habe ich auch erfahren, daß die He 177 vor meiner Zeit verschiedentlich gebrannt haben sollte und immer wieder schwere Komplikationen aufgetreten waren. Vor Freigabe der He 177 an die Truppe war an dem neuen Fernbomber sehr viel experimentiert worden. Die ganze Flugzeugentwicklung litt damals sehr darunter, daß die Entwicklungsingenieure, mit großen Spezialkenntnissen ausgestattet, ständig neue Flugzeuge konstruierten, was dann von Leuten, die kaum Kenntnisse, aber die Befehlsgewalt hatten, wie Hermann Göring, durchkreuzt wurde. So hat man auf seine Anweisung wochenlang daran gearbeitet und wertvolle Zeit vertan, um die He 177 zu einem Sturzkampfbomber umzufunktionieren. Jeder Fachmann wußte, daß diese absurde Idee niemals hätte verwirklicht werden können. Die Ursache für die Brände hatte darin bestanden, daß bei den Doppeltriebwerken Überhitzungen auftraten. Zum Glück wußte ich damals von alledem noch nichts. Ich habe niemals einen eigenen Motorbrand erlebt – wahrscheinlich war dieses Problem zu meiner Zeit bereits behoben worden.)

Die Heinkel 177 „Greif": Ein Fernkampfbomber mit besonderen Eigenschaften – im positiven wie im negativen Sinn…

In der He 177 gab es für mich einige neue Instrumente. Hier schätzte ich besonders den Feinsthöhenmesser, der die Flughöhe bis auf einen Meter genau anzeigte, was vor allem bei Nachtlandungen sehr hilfreich war. Die „Krönung" des Fluges mit diesem Fernkampfflugzeug war ein Nonstop-12-Stunden-Flug. Hier spürte man den enormen Unterschied zu unseren bisherigen 3- oder 4-Stunden-Flügen – es war eben ein echter Fernkampfbomber. Ich führte zwei derartige 12-Stunden-Flüge durch. Die Zeit wurde mir jedes Mal sehr lang, und man stieg nach den 12 Stunden erschöpft aus dem Flugzeug. Die Navigation bei diesen Flügen erfolgte über Funkfeuer. Der Bordfunker peilte mit dem Peilfunkgerät immer zwei Funkfeuer an, und wo sich deren Funkstrahlen trafen, befand sich unser momentaner Standort.

Im Mai 1944 stellte die Luftaufklärung fest, daß an der Süd-Küste Englands gewaltige Schiffsansammlungen stattfanden. Man vermutete *(zu Recht)*, daß die West-Alliierten mit den Vorbereitungen für eine Invasion auf den deutschen *Atlantikwall* begonnen hatten… Wir sollten nun mit unseren neuen He-177-Bombern von Aalborg aus diese Schiffsansammlungen angreifen. Aus diesem Grund saßen wir stundenlang einsatzbereit in den Maschinen und warteten auf einen Einsatzbefehl, der aber nicht kam – bis schließlich alles abgesagt wurde. *(Wir haben immer wieder über die Hintergründe dieses nie erteilten Angriffsbefehls auf die größte Schiffsarmada aller Zeiten gerätselt, die Wahrheit aber niemals erfahren...)* So kam es nicht zu diesen erwarteten Einsätzen. Auch als dann, am 6. Juni 1944, die Invasion in der Normandie begann, die Truppen der Alliierten landeten und mehrere tausend Schiffe vor der normannischen Küste lagen, geschah nichts; auch nicht in den Tagen nach der Landung... So hielten wir Woche für Woche an unserem Übungsprogramm fest, ohne den Sinn und die Hintergründe der permanenten Verzögerung zu erkennen oder zu erfahren. Es war ein höchst unbefriedigendes Gefühl, zu wissen, daß alle unsere Kräfte andernorts dringend gebraucht, aber nicht abgerufen wurden. Man spürte jetzt das sich nähernde Ende des Krieges...

Flugbild einer Heinkel 177

Eines Tages startete ich mit Oberleutnant Glockenthien von der 5. Staffel zu einem Werkstattflug. (Ein Werkstattflug war immer dann erforderlich, wenn ein Flugzeug in der Werkstatt repariert oder überholt worden war. Erst nach einem positiv erfolgten Werkstattflug konnte die

Klarmeldung der Maschine für weitere Flüge oder Einsätze erfolgen.)
Glockenthien flog, ich war Co-Pilot.

Unmittelbar nach dem Start über dem Lim-Fjord zeigten die beiden
rechten Motoren eine derart starke Vibration, daß sie abgestellt werden
mußten. Die Maschine war aber allein mit den beiden linken Motoren
und nur einer einzigen Luftschraube kaum zu halten. Um dieses jedoch
zu bewirken, benötigten wir eine Mindestgeschwindigkeit von 190 km/h.
Glockenthien bemühte sich so gut er konnte, diese Geschwindigkeit zu
halten – die einzige Möglichkeit zu überleben. Damit Glockenthien sich
ausschließlich auf dieses Flugmanöver konzentrieren konnte, nannte
ich ihm ständig die Geschwindigkeit: „190…, 190…, 190…"

Trotz meiner großen Besorgnis bewahrte ich Ruhe. Es mußte gut
ausgehen, denn wir flogen in etwa 100 Metern Höhe und hatten somit
keinerlei Möglichkeit, durch Wegdrücken einiger Meter Höhe eine
zu gering werdende Geschwindigkeit wieder auszugleichen *(durch
Drücken des Steuerknüppels wird die Höhe verringert, was zu größerer
Geschwindigkeit und somit mehr Auftrieb führt)*. Es herrschte zudem
sehr diesiges Wetter mit nur geringer Sicht, und wir näherten uns daher
beim ersten Anflug mit einer solchen Schräglage dem Flugplatz, daß
selbst in allergrößter Notsituation an eine Landung niemals zu denken wäre. Wir mußten also eine weitere Runde unter diesen extrem
schwierigen Bedingungen fliegen, um zu einem besseren Landeanflug
anzusetzen. Der erste, schräge Anflug hatte uns völlig irritiert, und wir
fragten uns, wie oft wir es wohl noch versuchen mußten, den Flugplatz
bei diesem schrecklichen Wetter in der richtigen Richtung anzufliegen?
Beim zweiten Versuch kamen wir besser heran; der Platz lag vor uns,
und wir setzten zur Landung an.

In diesem Moment rief ich: „Machen Sie eine Bauchlandung!"

Glockenthien hatte als Pilot die Verantwortung, aber er war ein
dickköpfiger Mann. Er hatte das Fahrwerk ausgefahren – in dieser
Situation im allgemeinen eine tödliche Maßnahme. Es trat sogleich
ein, was ich befürchtet hatte: Unmittelbar nach dem Ausfahren des
Fahrwerkes sackte die Maschine wie ein Stein nach unten, war einfach nicht mehr zu halten und setzte mit den Vorderrädern schon weit
vor der Landebahn hart auf den Boden auf. Mit dem Leitwerk stieß
das Flugzeug auf die hohe, mit roten Lampen bestückte Holzgalerie

der Rollfeldrandbefeuerung, die das Ende des Flugplatzes kennzeichnete.

Einen Moment lang saßen wir schweigend in unserer Maschine, noch voller Anspannung, jedoch froh, daß im letzten Moment noch alles gut verlaufen war. Es gab keine Vorwürfe, obwohl der Flugzeugführer mit dem Ausfahren des Fahrwerks unter diesen Umständen einen äußerst gravierenden, für uns und unsere Besatzung lebensgefährdenden Fehler begangen hatte. *(Durch das Ausfahren des Fahrwerks und die somit eingetretene Geschwindigkeitsreduzierung mit gleichzeitiger Auftriebsverringerung hätte die Maschine augenblicklich über eine Tragfläche unsteuerbar abschmieren können, um dann vor dem Flugplatz am Boden aufzuschlagen, oder wir hätten noch ein paar Meter früher mit den Vorderrädern vor dem Flugplatz im Gestrüpp aufsetzen und uns sofort überschlagen können. Ich sprach mit Oberleutnant Glockenthien später nie mehr über diese Situation, aber mir war klar, daß ich niemals wieder mit Glockenthien fliegen würde.)*

Die Invasion der West-Alliierten war inzwischen gelungen, und die Soldatenmassen der Amerikaner, Engländer und Kanadier drangen in der Normandie ständig weiter vor. Jetzt war uns allen klar, daß wir den Krieg nicht mehr gewinnen konnten. Wir erlebten in Aalborg den 20. Juli 1944, der neue große Unruhe in die Truppe brachte. In jeden Verband wurde nun der sogenannte NS-Führungsoffizier aus dem Offizierskorps eingesetzt. Wehe, wenn dann doch einmal jemand offen Zweifel am sogenannten Endsieg aussprach... Trotz aller Kriegsverdienste konnte man deshalb erschossen oder gehenkt werden.

Zu dieser Zeit wurden immer neue deutsche Wunderwaffen propagiert. Am 12. Juni 1944 waren die ersten, mit einem 850-Kilo-Gefechtskopf ausgestatteten V1-Raketen gegen London abgeschossen worden. Aber die ersten Einsätze waren noch Desaster gewesen – viele Raketen explodierten unmittelbar nach dem Start, andere erreichten gerade die englische Küste, aber nicht ihren Zielort London. Die Engländer hatten vor dieser gefährlichen Waffe großen Respekt, darum wurden die Abschußrampen der V1-Raketen von ihnen mit massierten Bombenangriffen attackiert. Die Alliierten waren inzwischen zu stark geworden, als daß die V1 noch nachhaltig wirkungsvoll eingesetzt werden konnte.

Es war belastend, untätig den langsamen aber sicheren Untergang Deutschlands mit ansehen zu müssen. Der Flugdienst wurde für uns immer seltener, bis ab März 1945 die Auflösung der einzelnen Gruppen begann. Im Zuge dieser Auflösung wurde ich am 23. März 1945 nach Neuburg an der Donau versetzt. Die Amerikaner standen jetzt bereits im Ruhrgebiet und die Russen kurz vor Berlin. In Aalborg ging eine für einen Offizier militärisch zwar äußerst unbefriedigende, aber mein Privatleben betreffend, sehr schöne Zeit zu Ende.

Letzte Versetzung und Kriegsende

Am 24. März 1945 verließ ich Aalborg mit dem Zug in Richtung Neuburg an der Donau. Ich hatte für den Besuch meiner Freundin Hella Lehmann, die seit Dezember 1943 in Husum stationiert war, eine Aufenthaltsgenehmigung von 48 Stunden bekommen. Als wir in Flensburg über die Grenze fuhren, hatte ich Sorge, daß unser Wiedersehen noch im letzten Moment durch irgendein Mißgeschick vereitelt werden könnte, denn man mußte den Zug verlassen und durch eine spezielle Sperre gehen, wo alle Soldaten, gleich welchen Dienstgrades, genau überprüft wurden. Viele wurden ausgesondert und zur Aufstellung irgendwelcher neu zu bildender Front-Einheiten geschickt. Ich hatte Glück, durfte ungehindert passieren und konnte meine Reise planmäßig fortsetzen.

Nach der langen Zeit, seit Januar 1944, war das Zusammentreffen mit meiner Freundin ein für beide sehr bewegendes Wiedersehen, und wir verbrachten wunderbare, unvergeßliche Stunden vor dem gleichermaßen schlimmen wie ersehnten Ende des Krieges…

Wegen der vielen Bahnausfälle bekam ich dann 24 Stunden Reiseunterbrechungs-Verlängerung. Hella war in Husum auf der geheimsten Funkstelle Deutschlands stationiert, die man als harmlose *Wetterfunkstelle W22* getarnt hatte. Von hier aus wurde der gesamte Feindfunkverkehr abgehört, daher war es möglich, schon frühzeitig in Erfahrung bringen zu können, welche deutsche Stadt wieder angegriffen werden sollte. In dieser geheimsten „Wetterfunkstelle" hatte man ausgewählt intelligentes Spezial-Personal stationiert, das in der Lage war, auch die geheimsten Feindcodes zu entschlüsseln.

Infolge Hellas Intervention und dem Vertrauen, das mir seitens des dortigen Chefs, des Hauptmanns Bode, in dieser ohnehin letzten Phase des sich spürbar dem Ende zuneigenden Krieges entgegengebracht wurde, erhielt ich Gelegenheit, diese Funkstelle in allen Teilen besichtigen zu dürfen. Hier wußte man natürlich auch ganz genau, daß wir diesen Krieg niemals mehr werden gewinnen können. In Anbetracht dieses Wissens hatte Hella für mich in dem kleinen Ort Mildstedt bei Husum eine kleine Wohnung zu mieten in Aussicht, in der ich bis zum Kriegsende untertauchen sollte. Aber da ich nicht der Typ bin, mich zu verstecken, außerdem bei einer Entdeckung mit schweren Bestrafungen, auch für Hella, zu rechnen war, verzichtete ich auf dieses verlockende Angebot. Während unserer letzten gemeinsamen Tage in Husum haben wir uns noch heimlich verlobt.

Am 26. März kam es dann schließlich doch zum Abschied. Wann wir uns wiedersehen konnten, war ungewiß... Die Fahrt mit der Bahn ging zunächst nach Hamburg, wo ich einige Kameraden traf. Auf der Weiterfahrt nach Neuburg mußten wir in Fulda, Würzburg und Treuchtlingen wegen Gleisschäden den Zug verlassen und etliche Kilometer zu Fuß weitergehen. Da der größte Teil der Reise nachts erfolgte, blieben wir von Tieffliegerangriffen verschont. In Neuburg kamen wir jedoch niemals an, weil der Zug bereits etliche Kilometer vorher nach München-Riem umgeleitet wurde.

In München-Riem wurde ich dann zu einer Vierlingsflak-Stellung am Flugplatzrand beordert – zur Abwehr von eventuell angreifenden Tieffliegern. Tatenlos warteten wir einige Stunden. Da beobachteten wir, wie General Galland mit seinem modernen Jagd-Düsenjäger Me 262 auf dem Flugplatz landete. *(Die Me „Messerschmitt" 262 galt als eine wahre Wunderwaffe der Jagdfliegerei, kam aber leider wegen immer wieder neuer Streitigkeiten im Reichsluftfahrtministerium über ihre Verwendung als Jäger oder Schlachtbomber viel zu spät einsatzfähig ausgereift zum Verband.)* Nach Gallands Landung, der ich mit großem Interesse zugesehen hatte, war nur eine sehr kurze Zeit vergangen, als ganz plötzlich sechs amerikanische *Mustangs* im Tiefflug, und mit ihren Bordwaffen unentwegt feuernd, auftauchten, die infolge wegen eben dieser geringen Flughöhe von uns bis zu diesem Augenblick völlig unbemerkt geblieben waren. Wenn sie auf *uns* geschossen hätten, wären wir alle verloren gewesen, doch war der gesamte Beschuß ausschließlich auf die am Flugplatzrand abgestellten Düsenjäger gerichtet. Sämtliche Maschinen gerieten in Brand, einige explodierten.

Während wir noch um die modernsten Flugzeuge der deutschen Luftwaffe trauerten, erschien ein amerikanischer Bomberverband viermotoriger *Fliegender Festungen*, der sich in etwa 8.000 Meter Höhe näherte. Jeder von uns erkannte sofort die große Gefahr, die uns jetzt auf dem freien, deckungslosen Gelände drohte. In der Nähe der Flak-Stellung befanden sich mehrere Ein-Mann-Löcher, in die wir augenblicklich sprangen. Ich konnte beobachten, wie sich bei den Bombern die Bodenschächte öffneten und wartete ängstlich auf den Bombenregen. Eine Menge gefährlicher Splitterbomben prasselte hernieder, die den Rest der Flugzeugvernichtung besorgten. Ich wartete geschockt in meiner Deckung und hörte das beängstigende Rauschen, die krachenden Einschläge und das Sirren der über mich hinwegfetzenden Bombensplitter.

Nach jedem Bomberpulk entstand eine kurze Pause, in der wir einen Moment durchatmen konnten; dann kam der nächste Pulk. Es waren insgesamt drei Angriffswellen, die über uns hinweg flogen. Nach der dritten krochen wir aus unseren Ein-Mann-Löchern und sahen den total zerstörten Flugplatz mit seinen brennenden Flugzeugen. Dann stellten wir mit Entsetzen fest, daß ein Kamerad in seinem Loch einen Volltreffer erhalten hatte, aber alle anderen unversehrt geblieben waren. Unser Dienst am Flugplatz war nun überflüssig geworden und somit beendet.

Wir aus Aalborg angekommenen Offiziere mußten in Aschheim, nahe München, Quartier in einem Privathaus beziehen. Die Familie hieß Oberleitner und nahm uns gern auf. Auch waren die Familienmitglieder sehr an unseren Kriegserlebnissen interessiert. Nach einigen Tagen wurden wir von Aschheim nach Bad Aibling und von dort schon bald in einen kleinen Ort in Böhmen verlegt. Ich wurde in das Privathaus einer tschechischen Familie einquartiert. Ein Oberleutnant des Heeres, der uns für den Endkampf schulte, hatte uns unmißverständlich angedeutet, daß wir als letztes Aufgebot eingesetzt werden sollten…

Am 22. April 1945 begann unsere militärische Ausbildung für diesen „Endkampf". Da mir als ehemaligem Piloten diese Ausbildung angesichts des bereits begonnenen militärischen Zusammenbruchs als völlig unsinnig erschien, absolvierte ich sie mit entsprechendem Desinteresse. In diesen Tagen bekam ich eine lästige Mandelentzündung und mußte ins Lazarett. Dort erlebte ich auch den 8. Mai, jenen Tag, an dem es hieß, daß die Russen bereits vor den Toren dieses Ortes stehen würden. Der Stabsarzt kam zu mir ans Bett und teilte mir mit, daß das Lazarett noch in dieser Nacht aufgelöst und man geschlossen in westliche Richtung abrücken würde und ich mich entscheiden müßte, mitzugehen oder mit einem Rest anderer Kranker zurückzubleiben, was unweigerlich die russische Gefangenschaft bedeutete. Die russische Gefangenschaft war für alle eine Horrorvorstellung, und nachdem ich die Nacht noch mit etlichen Schwerverwundeten verbracht hatte, fuhr ich in einem der Busse, in dem nur die Gehfähigen saßen, mit in Richtung Westen.

Die Busfahrt dauerte jedoch nicht lange, da schon bald die Straßen von Fahrzeugen und deutschen Soldaten zu Fuß völlig verstopft waren. Plötzlich erschienen drei französische Soldaten. Da ich bei einer eventuellen Gefangennahme vorsichtshalber nicht bewaffnet angetroffen werden wollte, warf ich meine Pistole heimlich aus dem Fenster des Busses. In dem entstandenen Chaos war an eine Weiterfahrt überhaupt nicht mehr zu denken, so verließen wir die Fahrzeuge. Mit dem Stabs- und dem Oberarzt flüchtete ich in einen nahen Wald, und wir setzten unseren Weg zu Fuß fort.

Auf unserem Marsch nach Westen orientierten wir uns in der Nacht am Nordstern. Irgendwann bestanden Meinungsverschiedenheiten betreffs des weiterhin einzuschlagenden Weges, und so trennten wir uns. Zufällig traf ich in dem Durcheinander einen Bielefelder namens Rolf Rosendahl. Gemeinsam marschierten wir die nächsten Tage weiter.

Wir befanden uns irgendwo in Böhmen und marschierten ständig nach Westen. Immer häufiger begegneten uns amerikanische Lastwagen, doch stellten wir mit Erleichterung fest, daß die US-Soldaten an uns offenbar überhaupt kein Interesse hatten. Irgendwann kamen wir an eine Brücke, die über die Moldau führte. Zwischen den vielen, vor den Russen fliehenden Menschen wollten auch wir zum anderen Ufer hinüber. Zu unserer Überraschung mußten wir dann aber erkennen, daß amerikanische Soldaten jeglichen Übergang über die weit und breit einzige Brücke versperrten. Wir kehrten um und suchten nach einer geeigneten Stelle am Ufer, um auf die andere Seite des Flusses gelangen zu können. Nach einigem Suchen fanden wir weiter flußaufwärts eine Furt, an der wir die Moldau überqueren konnten – teils watend, teils schwimmend.

Wir setzten unseren Weg vorsichtshalber nachts fort, tagsüber schliefen wir bei hilfsbereiten Bauern. So ging es tagelang weiter. Da uns niemand behelligte, wurden wir mutiger, aber auch leichtsinniger, schliefen bald nachts und marschierten dann tagsüber bei wunderbarem Sonnenschein, der den ganzen Mai über herrschte. Inzwischen hatten wir bei einem freundlichen Bauern unsere Uniformen gegen Zivilkleidung, die er uns besorgt hatte, getauscht. Unsere Uniformen versenkten wir in seiner Jauche-Grube.

Auf unserem weiteren Weg in Richtung Heimat kamen wir bis Bogen, nahe Straubing an der Donau. Doch wurde uns nun unser Leichtsinn, bei Tag zu marschieren, zum Verhängnis. Am 17. Mai erschien auf der Straße vor uns eine amerikanische Radfahr-Patrouille, die uns anhielt. Flucht hätte in diesem Moment den sicheren Tod bedeutet, denn es war auch den Amerikanern klar, daß jeder gesunde junge Mann ein Soldat sein mußte. So ließen wir uns auf eine große Wiese führen, die schon von sehr vielen deutschen Kriegsgefangenen belegt war. Die folgende Nacht verbrachten wir mit ihnen unter freiem, wolkenlosem und sternenklarem Himmel.

Am nächsten Morgen wurden wir von den Amerikanern aufgefordert, auf einige US-Lastwagen zu klettern, die von Farbigen gefahren wurden. In rasanter Fahrt ging es auf die Serpentinen des Bayrischen Waldes. Uns wurde angesichts der Unsicherheit betreffs unseres Zielortes unbehaglich. Einige Kameraden, die am Außenbereich der Lastwagen-Ladefläche entsprechend günstig standen, sprangen plötzlich darüber hinweg und bis über den Rand der Fahrbahn hinunter auf die Wiese und ließen sich die steilen Abhänge herunterrollen – in mehrfacher Hinsicht ein höchst gefährliches Unternehmen. Die Kolonne hielt deshalb zwar nicht an, doch die amerikanischen Posten der dicht folgenden Fahrzeuge schossen sofort auf die Flüchtenden.

Ohne jegliche Verpflegung wurden wir nun von den Amerikanern nach Böhmen gefahren – und dort zu unserer größten Bestürzung an die Russen ausgeliefert. Wir waren fassungslos! Die Russen liefen sofort zu den Lastwagen und wollten uns herunterzerren, aber die Amerikaner unterbanden sehr energisch weitere gewalttätige Aktionen gegen uns und sorgten für ein geordnetes Verlassen der Ladeflächen. Uns war unheimlich zumute…

Nachdem wir von den Wagen herabgestiegen und die Amerikaner wieder abgefahren waren, wurde uns bewußt, nun den Russen bedingungslos ausgeliefert zu sein. Welche Ironie des Schicksals – gestern noch, wenn auch ohne Perspektiven, doch guten Mutes, nach diesem schrecklichen Krieg bald wieder in die Heimat zurückgekehrt zu sein, hatte sich unsere Situation durch eine Unachtsamkeit in wenigen Stunden dramatisch verändert. Ich fragte mich, was uns nun wohl alles bevorstehen würde…

Kriegsgefangenschaft

Nach der Übergabe an die Russen wurde uns zuerst einmal alles abgenommen. Besonders begehrt waren unsere schönen Stiefel und die Armbanduhren. Die Russen bemerkten leider, daß ich inzwischen die lange Zivilhose über meine Stiefel gezogen hatte, und wenige Augenblicke später steckten meine Füße in viel zu kleinen Schuhen. Es gelang mir aber kurz darauf, die Schuhe in passendere zu tauschen.

Einige Tage lang mußten wir bei dem warmen Wetter ohne jegliche Verpflegung in Böhmen hin und her marschieren und nachts auf Wiesen schlafen – durstig, ausgehungert und völlig erschöpft. In einem weitläufigen Waldlager bei Neubiestritz wurden wir dann für zehn Tage in primitiven Zelten untergebracht und erhielten endlich etwas Verpflegung. Es war aber immer viel zu wenig, und das quälende Hungergefühl begleitete uns Tag und Nacht.

In diesem Waldlager kam ein Kamerad zu mir und sagte, daß sich ganz in unserer Nähe auch Oberst Hermann Graf und Hauptmann Erich Hartmann befänden *(mit 352 Abschüssen war Hartmann Deutschlands erfolgreichster Jagdflieger.)* Da mein Kamerad mich mit diesen beiden populären Piloten bekannt machen wollte, sollte ich nun mit ihm gehen.

Ich war begeistert, diese beiden Fliegerhelden persönlich zu kennen lernen, bedauerte aber aufrichtig, sie nicht unter günstigeren Bedingungen getroffen zu haben. Es war deprimierend, diese stolzen Offiziere so erbärmlich als Gefangene zu erleben.

Wir kamen schnell ins Gespräch. Graf war schon ein „gesetzter Herr", Hartmann noch immer in seiner jungen, frischen Art, wie man ihn aus den Wochenschau-Berichten, Zeitungen und Büchern kannte. Er bemerkte sofort, daß ich eine viel zu kleine, dünne Jacke trug und sagte: „Komm, ich habe hier noch eine bessere Jacke; nimm sie mit…"

Ich bedankte mich nachdrücklich und ging wieder zu unserem Zelt zurück. *(Dieses Treffen mit Graf und Hartmann erscheint mir heute sehr viel eindrucksvoller, als ich es damals unter den erniedrigenden Umständen empfand. Wir sahen uns niemals wieder, denn beide mußten viel länger als ich in russischer Gefangenschaft bleiben.)*

Nachdem wir dann das Zeltlager verlassen hatten, mußten wir nach Budweis marschieren. Die Russen ließen uns durch die gesamte Stadt an der aufgebrachten Bevölkerung vorbeiziehen. Fäuste wurden gegen uns geballt, es wurde gedroht, geschrien, und man versuchte sogar, uns anzugreifen, doch wehrten die russischen Wachsoldaten alle diese Attacken mit brutalen Schlägen ihrer Gewehrkolben ab.

Der Marsch endete in einem Barackenlager hinter der Stadt. Nach den Strapazen der letzten Tage bekam ich starke Schmerzen im gesamten Brustkorb. Ich befürchtete eine Rippenfellentzündung, doch die Schmerzen ließen nach drei Tagen langsam wieder nach.

In der Mitte des Monats Juli 1945 wurden wir unter starker Bewachung zu einer Bahnstation geführt. Dort stand ein langer Zug mit schier endlos vielen 60-Tonnen-Güterwagen, in die wir nun zu je 44 Männern gepfercht wurden – für den Transport nach Rußland. Es begann eine Horror-Fahrt…

Durch die Enge innerhalb der Waggons war es uns nur möglich, auf der Seite und Brust an Rücken zu liegen. In längeren Intervallen und auf ein Kommando hin wechselten alle Männer immer wieder gleichzeitig diese auf die Dauer äußerst unbequeme Seitenlage auf dem rohen Holzboden der unentwegt rüttelnden Wagen. Durst und Hunger wurden bei der Hitze, die in den völlig überfüllten Waggons herrschte, zu grausamen Qualen.

In Jassy/Rumänien, wurden wir für einige Tage in ein Gefangenen-
lager gebracht, dann wieder in Waggons mit der größeren russischen
Spurbreite verladen. In dem rumänischen Lager hatten etliche der
Mitgefangenen zu viel von der ölhaltigen Nahrung gegessen, so daß in
der Folge erhebliche Magen- und Darmprobleme auftraten – und das in
den heißen, völlig überfüllten Waggons…

Die quälende Fahrt ging nun immer weiter ins Innere Rußlands.
Eines Morgens sah ich aus einer der kleinen Güterwagen-Luken und
konnte erkennen, daß wir gerade den riesigen Dnjepr bei Djepope-
trowsk überquerten. Keiner wußte, wann und wo wir in den russischen
Weiten wohl endlich unser Ziel erreicht haben würden.

Nach weiteren Tagen stellte sich ein unerträgliches Hautjucken
ein – wir waren alle total verlaust. Diese Verlausung sollte für lange
Zeit ein gleichermaßen äußerst unangenehmer wie entwürdigender
Dauerzustand werden…

Weitere zwei schier endlos erscheinende Wochen später wurden
wir endlich in Alschewsk im Donez-Becken ausgeladen. Nach dem
langen Liegen auf den harten Holzböden der heißen Waggons konnten wir zunächst kaum stehen und erst recht nicht marschieren – wir
waren völlig erschöpft. Aber auch darauf nahmen die Russen nicht
die geringste Rücksicht. Unverzüglich mußte sich die lange Schlange
deutscher Kriegsgefangener mit zittrigen Beinen in Bewegung setzen. Es begann ein kräftezehrender Marsch durch weite Gebiete der
großen Kohlezechen des Donez-Beckens. Wieder und wieder ging
es sanfte Hügel hinan, und jedes Mal war man gespannt, was uns
dahinter wohl erwarten würde – doch dann wieder der gleiche Anblick
auf die schier unendliche Weite… Kameraden, die keine Kraft mehr
besaßen und aus der Kolonne ausscherten, wurden von den Russen
auf äußerst brutale Weise auf den Weg zurückgestoßen. Männer,
die nicht mehr imstande waren, weiter zu gehen, sahen wir nie mehr
wieder…

Der Marsch endete in dem Ort Alschewsk an einem großen
Gebäude, das einer Kaserne glich. Hier wurden wir geteilt; die Mehr-
zahl der Kameraden mußte in dem Gebäude bleiben. Der kleinere Teil,
zu dem auch ich gehörte, wurde noch weitere zehn Kilometer, zu einem
Außen-Sommerlager, geführt. Dort wurden je sechs Gefangene in einer

der Baracken einquartiert. Unsere Schlafstätten waren mit Strohsäcken belegte Holzpritschen.

Bereits am nächsten Tag mußten wir mit der Arbeit beginnen und Erdboden für Neubauten ausheben. Als Offizier brauchte man nicht körperlich zu arbeiten und hatte über eine Arbeitsgruppe die Aufsicht. Diese Aufgabe war äußerst unangenehm, denn als Offizier war man nach dem verlorenen Krieg in der Gefangenschaft bei den ehemals untergebenen Kameraden nicht gut angesehen. Die Russen verlangten von dem deutschen Aufsichtspersonal, daß die Arbeitsnorm grundsätzlich zu erfüllen sei. Da ich aber die eigenen Kameraden nicht übermäßig antreiben und somit schikanieren wollte, war ich schließlich sowohl bei den Russen als auch bei den eigenen Leuten unbeliebt.

Drei Monate lang mußte ich in diesem Lager mit der schwierigen Aufgabe durchhalten, bis wir dann Ende September in dem großen Lager in Alschewsk zu den anderen Gefangenen zurückgeführt wurden. Dort lagen wir Offiziere zwar in zwei separaten Unterkünften, meldeten uns aber wegen der unangenehmen Aufseher-Aufgabe fast alle freiwillig zu der schweren Arbeit.

In diesem großen Lager hatte in den letzten Monaten ein Wechsel in der deutschen Lagerleitung stattgefunden. Die Russen hatten zwar die Oberaufsicht für den inneren Betrieb, jedoch war ein deutscher Lagerleiter eingesetzt worden, der den Russen verantwortlich war. Zuerst bekleidete diese Position ein deutscher Leutnant namens Müller, der gut russisch sprach. Er wurde aber mit dem Druck der russischen Lagerleitung einerseits und den deutschen Kameraden andererseits nicht fertig und war daher von den Russen als unfähig abgesetzt worden. An Müllers Stelle trat nun ein Mann namens Hotz – eine der am meisten gehaßten Personen im Lager.

Als Folge seiner politischen Haltung hatte Hotz zum Lagerleiter „avancieren" können. Er setzte sich bedingungslos für die Interessen der Russen ein, und ihm war es völlig gleichgültig, wie seine deutschen Kameraden über ihn dachten. Er war eine äußerst unangenehme Person, und es war für uns schlimmer, mit ihm sprechen zu müssen, als mit den Russen. Bei den täglichen Stubendurchgängen war er gefürchteter als sie. In dieser Position besaß er keinerlei Skrupel, und ihm war das Schicksal seiner Mitmenschen völlig gleichgültig.

Mit dem ehemaligen deutschen Lagerkommandanten, Leutnant Müller, der in unserer Unterkunft im Bett unter mir schlief, und mit dem ich mich etwas angefreundet hatte, wurde ich zu einer der Arbeitsbrigaden eingeteilt. Ein besonderer Vorteil bestand darin, daß Müller fließend russisch sprechen konnte, und es somit auch für mich keine Verständigungsprobleme mit der russischen Bevölkerung gab. Die Bewohner dieser Gegend waren sehr arm, und es ging ihnen nicht viel besser als uns. So kam es immer wieder zu gelegentlichen kurzen Gesprächen mit diesen Menschen – Gespräche, bei denen offenbar bei niemandem das Gefühl ehemaliger Feindschaft aufkam, vielmehr das Mitfühlen beiderseitiger existenzieller Sorgen. Auch kam es mitunter zu kleinen Tauschgeschäften, wie Tabak gegen Seife oder Tabak gegen Brot.

In dem ungewöhnlich kalten Winter 1945/46 mußten wir die stark zerstörte Kokerei des Hüttenwerkes von Alschewsk wieder aufbauen, zuerst aber die Trümmer beseitigen. Abgesehen davon, daß die Qualifikation unserer Tätigkeit der eines einfachen Arbeiters entsprach, mußte diese Arbeit bei minus 30° Celsius verrichtet werden. Die acht Arbeitsstunden täglich waren eine fürchterliche Qual. Zwar hätte man sich bei der anstrengenden Tätigkeit warm arbeiten können, doch fehlte es uns bei der schlechten Ernährung und dem ständigen Hunger an Kraft, entsprechend schnell arbeiten zu können. Hätte ich den russisch sprechenden Kameraden nicht an meiner Seite gehabt, wäre ich in dieser Kälte umgekommen. So gab es hier und da ein kleines Feuer, an dem wir uns etwas wärmen durften, und manches Stück Brot wurde uns von den Russen zugesteckt.

Im Januar 1946 erkrankte ich an einer Halsentzündung und wurde im Krankenrevier aufgenommen. Nach einer schnellen Genesung teilte man mich zu Arbeiten im Sägewerk ein. Doch sollte sich die dort zu verrichtende Arbeit als für mich undurchführbar erweisen. Mit einer Größe von 1,87 Meter war ich beim Tragen der Baumstämme erheblich benachteiligt. Entweder mußte ich den Baumstamm fast allein tragen oder dauernd in die Knie gehen, was über eine längere Strecke hinweg nicht durchzuhalten war. Unter den extrem schwierigen Umständen verlief der Umgang der Kriegsgefangenen miteinander durchaus nicht nur rücksichtsvoll, und ich hörte beim Tragen der schweren Stämme immer wieder mürrische Kameraden, die da sagten: "Warum trägt der Lange nicht richtig? Der hat's wohl nicht nötig…"

Ich mußte etwas unternehmen, wenn ich die Gefangenschaft lebend und gesund überstehen wollte. So täuschte ich starken Durchfall vor und kam wieder ins Krankenrevier. Nach der „Genesung" war ich allerdings derart geschwächt, daß ich als OK III eingestuft wurde. *(In der russischen Gefangenschaft gab es die Klassifizierungen I = körperlich ganz stark, und II = körperlich stark; beide waren voll arbeitsfähig. OK III hingegen bedeutete, nur bedingt arbeitsfähig. Was das Kürzel OK besagte, wußten wir nicht, so bezeichneten wir es ironisch als „ohne Kraft".)* Nun brauchte ich keine weiteren Außenarbeiten mehr in der brutalen Kälte zu verrichten, sondern wurde der „Kartoffelschälbrigade" der Küche zugeteilt. Hier verlief die Arbeit im Achtstundentakt – acht Stunden schälen, acht Stunden Ruhe. Diese zwar nicht angenehme Tätigkeit war geradezu eine Wohltat gegenüber der Arbeit in der Eiseskälte. Dennoch ereilte mich auch dort noch ein Mißgeschick:

Während des Schälens ließ ich mich infolge des ständigen Hungers durch die viel zu schlechte Ernährung dazu hinreißen, eine der kalten, herb schmeckenden Kartoffeln roh zu essen. Prompt wurde ich dabei ertappt und mit drei Tagen Haft bestraft. Als ich im Hauptgebäude die Zelle betrat, einen fast leeren Raum, mit zwei Pritschen und einem vergitterten Fenster, stellte ich fest, daß ich sie mit dem Chef der Lagerbäckerei teilen mußte. Dieser Mitgefangene war bestraft worden, weil er einem russischen Wachtposten auf dem Wachturm ein Stück Brot zugeworfen hatte. Da der bei einigen Wachtposten aus eben derartigen Gründen sehr beliebt war, bekam er nun von ihnen genügend Brot zugesteckt, das er während meiner drei Tage mit mir teilte. So brauchte ich dort nicht zu hungern.

So verging der Winter, und im Frühjahr 1946 wurde ich mit einigen anderen Kameraden zur Kolchose in der Landwirtschaft eingesetzt. Es war eine vergleichsweise angenehme Arbeit. Weniger angenehm war der häufige kalte Regen, bei dem man, da wir uns nicht unterstellen konnten, bis auf die Haut durchnäßt wurde. Wenn wir uns dann abends mit der nassen Kleidung in den Zelten zum Schlafen legten, hatte das bei uns, den weniger als die Frontkrieger abgehärteten Luftwaffensoldaten, häufig böse gesundheitliche Folgen... Um dem ständigen Hunger entgegenzuwirken, nutzten wir gelegentlich die Möglichkeit, Saatkartoffeln wieder auszubuddeln und sie im Feuer zu braten, denn wir waren während dieser Arbeit zeitweise nur zu zweit tätig – ohne Bewachung. Sollte man bei einem solchen Diebstahl entdeckt werden, wurde man mit 25 Jahren Zwangsarbeit bestraft.

Eines Tages wurden alle Offiziere von der Kolchose abkommandiert und kamen wieder in ein geschlossenes Lager. Wir vermuteten, daß einer oder vielleicht schon mehrere unserer Offiziere geflohen waren... Ich kam nach Woroschilowgrad und wurde in einem großen, festen Gebäude untergebracht. Hier mußten wir die Trümmer einer angeblich von deutschen Bombern zerstörten Lokomotiven-Fabrik aufräumen und den Wiederaufbau vorbereiten. Wir Offiziere arbeiteten zunächst wieder als Aufsichtspersonal und genossen dabei die Wärme in den unterirdischen Heizungsgängen. Das war insofern möglich, da wir die Arbeitsbrigaden unter russische Zivilführung stellten und uns den Tag lediglich mit einzelnen Stichproben einteilen konnten.

Aber leider dauerte diese „Arbeit" nicht lange, denn wir wurden im späten Frühjahr 1946 zu schweren Erdarbeiten in mörderischer Hitze eingeteilt, wobei auch die Offiziere wieder mitarbeiten mußten. Eines Tages stellten die Russen beim morgendlichen Appell fest, daß drei Gefangene *(Offiziere)* fehlten. Es entstand große Unruhe und eine sich endlos wiederholende Zählerei und Sucherei. Schließlich rückten wir zur Arbeit aus. Als wir dann wieder bei unseren langweiligen und schweren Erdarbeiten in der großen Hitze litten, sahen wir in nicht weiter Entfernung, daß die drei entflohenen Kameraden, von Posten schwer bewacht, wieder zurückgeführt wurden. *(Wie wir später erfuhren, erhielten sie lange Haftstrafen, die viele Jahre über den eigentlichen Entlassungstermin hinausreichten.)*

Im Verlauf der folgenden Wochen bekam ich eine Mittelohrentzündung und erkrankte an Hepatitis. Die Gelbsucht war mir in Anbetracht der Gesamtsituation nicht unangenehm, da ich wegen krankheitsbedingter Appetitlosigkeit kein Hungergefühl mehr verspürte....

Am 22. August erkrankte ich schwer an der Ruhr und kam sofort in das Lazarett nach Parcamune. Nach dem Duschen mußten wir naß ins

Bett, nur mit einem dünnen Laken bedeckt. Ich fühlte mich todkrank und lag ohne Lebenswillen lethargisch danieder. Nach nur wenigen Stunden trat ein deutscher Arzt an mein Bett. Er untersuchte mich und verabreichte mir die damals in dieser Gegend und den gegenwärtigen Bedingungen höchst seltenen Sulfonamide und rettete mir somit das Leben. Schon bald darauf befand ich mich gesundheitlich in verhältnismäßig guter Verfassung. Dieser Arzt erzählte mir, daß am nächsten Tag ein genesener Gefangener namens Paul Röhrig in meine Heimatstadt Bielefeld entlassen würde. Er kam zu mir ans Bett, und ich bat ihn, meine Eltern zu besuchen und ihnen von mir zu berichten, denn sie hatten bisher keinerlei Lebenszeichen erhalten, so galt ich für sie noch immer als vermißt.

(Im September 1946 stand Paul Röhrig vor der Wohnungstür meiner Eltern. Mein Vater öffnete und Röhrig sagte: "Ich komme von Ihrem Sohn…"

Welche Erleichterung für meine Eltern, zu erfahren, daß Ihr Sohn noch lebt! Dann gab es viele Fragen; wo ist der Sohn, wie geht es ihm, wird er Krankheit und Gefangenschaft gut überstehen? Später, nach meiner Heimkehr, haben wir noch oft über Paul Röhrigs Besuch gesprochen.)

Als es mir dann besser ging und ich im Lazarett kleinere Hilfsarbeiten verrichten konnte, teilte man mich für eine Woche als Brotschneider ein. Endlich eine Woche ohne Hunger. Das lag nicht etwa an zusätzlichen Brotrationen, sondern allein die vielen Krümel nach jedem Brotschnitt reichten zur Sättigung… In dieser Woche erholte ich mich so gut, daß man mich zu dem schrecklichen und anstrengenden Bestattungskommando einteilte.

Am ersten Tag fuhren wir irgendwo in die Landschaft und hoben an vorgegebenen Stellen massenhaft Gräber für jeweils zwei Tote aus. Am nächsten Morgen ging es in aller Frühe zur Totenbaracke, aus der wir die vielen Leichen noch bei Dunkelheit auf einen großen Leiterwagen verladen mußten. An den vorbereiteten Bestattungslöchern angekommen, wurden die Toten je zu zweit übereinander hineingelegt. Während dieser traurigen Tätigkeit dachte ich darüber nach, wie viel Leid wohl bei den unwissenden Angehörigen herrschen mußte, die vergeblich endlos lange auf ihre Lieben warteten und nicht wußten, daß ihre Körper hier längst so ehrlos verscharrt wurden. *(Mir blieb das schreckliche Geräusch der in die offenen Gräber plumpsenden toten Körper in ewiger Erinnerung…)*

Irgendwann wurde dann von den Russen mit großer Propaganda der Postverkehr mit der Heimat eröffnet. Da ich von Natur aus und infolge meiner Erfahrungen mißtrauisch war, schrieb ich keine Karte an meine Angehörigen. Als aber aus der Heimat die ersten Antwortkarten kamen, war es für mich sehr schmerzlich, bei der Verlesung der Postempfänger nicht dabei zu sein. So schrieb ich nun ebenfalls und erhielt daraufhin Ende November von meiner Mutter Antwort. Sie teilte mir in ihrem Brief unter anderem mit, daß meine Verlobte inzwischen mit ihr Verbindung aufgenommen habe und auf meine Rückkehr aus der Gefangenschaft warten würde. So sehr mich diese Nachricht auch erfreute, so belastete sie mich auch. Hella war zweieinhalb Jahre älter als ich, und das Warten für ungewisse Zeit mußte für eine junge Frau in ihrem Alter ein großes Opfer bedeuten…

Im November 1946 kam ich wieder in das bereits bekannte Lager in Alschewsk. Meine körperliche Konstitution war jedoch noch immer derart schlecht, wie die russische Ärztin durch profanes Kneifen in mein Gesäß feststellte, daß ich den Winter 1946/47 nicht mehr für längere Zeit in der großen Kälte im Freien zu arbeiten brauchte, lediglich stundenweise mit kleineren Tätigkeiten beschäftigt wurde. Hauptsächlich arbeitete ich nun im Innendienst. Oft saß ich sogar nur untätig herum.

Während der weiteren Zeit meiner Kriegsgefangenschaft wurde ich nie wieder voll arbeitsfähig, wurde von Lager zu Lager verlegt, erfuhr aber niemals die Gründe des Wechsels. Im Lauf der Zeit waren alle deutschen Lagerinsassen vom Hunger ausgezehrt und gezeichnet. Mit meinen 1,87 Metern Körpergröße war ich zwar völlig abgemagert, wirkte dabei jedoch viel geschwächter, als ich es in Wirklichkeit war. Es gab Kameraden, die ebenso ausgezehrt aber kleiner waren und deswegen noch verhältnismäßig kräftig erschienen, tatsächlich jedoch viel schwächer waren. Diese Gefangenen wurden ständig als voll arbeitsfähig eingeteilt, obwohl sie überhaupt nicht mehr imstande waren, diese Arbeiten bewältigen zu können.

Bisher hatten sämtliche Kriegsgefangene mit der ständigen Ungewißheit bezüglich des Zeitpunkts ihrer Entlassung leben müssen – und mit der belastenden Frage, ob sie diese denn überhaupt noch erleben…

Im Jahr 1948 begannen einige Entlassungen für besonders schwache Gefangene, zu denen ich nie gehörte. Diese Kameraden waren überaus glücklich, endlich dem russischen Martyrium entrinnen zu können *(aber durch die Gefangenschaft dermaßen geschwächt, daß häufig ein lebenslang quälendes Leiden zurückblieb – ganz abgesehen von der psychischen Verfassung).* Wenn sich unsere Gefühle und die Psyche während der Jahre der Gefangenschaft auch abgestumpft hatten, so schauten wir doch den Kameraden, die entlassen wurden, mit traurigen Blicken neidvoll hinterher…

Selbst in der Gefangenschaft wurde man mit Politik konfrontiert. In jedes Lager wurden nicht nur russische sondern auch deutsche Spitzel eingeschleust, um festzustellen, wer schlecht über Rußland oder dessen politische Ideologien sprach. Es wurden auch Schulungen abgehalten, in denen man uns darstellte, wie schön es sei, den Lehren des Nationalkommitees, das sich zur Jahreswende 1942/43 gebildet hatte, zu folgen und sich in Rußland wohl zu fühlen. Wer den Spitzeln auffiel, erfuhr natürlich nicht, daß man ihn bereits beobachtete, konnte aber sicher sein, daß dieses Auffallen eine eventuelle Entlassung aus der Kriegsgefangenschaft erheblich verzögern würde…

Rückkehr ins Leben

Am 20. Mai 1948 lag ich nichtsahnend auf meinem Bett, als es gegen 11:30 Uhr plötzlich hieß: "Draußen sofort zur Entlassung antreten!"

Ein Sonnenstrahl fiel in meine Apathie – welche unvorhergesehene Freude! Aber noch war ich nicht entlassen… Es wurde alles noch einmal überprüft, denn ein paarmal war es vorgekommen, daß Kameraden wegen Namensverwechslungen oder unkorrekter Kleidung, die aus der Gefangenenkleidung, einer Hose, einem Hemd, einer Jacke und einem Mantel bestand, einfach wieder für unbestimmte Zeit ins Lager zurückgeschickt worden waren. Bei mir verlief alles gut, obwohl ich ohne Mantel erschien – den ich aber noch holen mußte. Dann ging alles sehr schnell, und der Marsch zu den bereitstehenden Zügen begann.

Am Bahnhof angekommen, wurden wir in Güterwagen eingewiesen, die mit Pritschen, auf denen Strohsäcke lagen, ausgestattet waren. Welcher Kontrast der Gefühle! Vor drei Jahren die totale Entmutigung und schwer belastende Ungewißheit betreffs unserer Zukunft während der Fahrt in die Gefangenschaft, und jetzt die große Freude und ungeheure Spannung vor der Heimkehr nach der langen Abwesenheit.

Die Rückfahrt dauerte acht endlos erscheinende Tage. Die Verpflegung war ausreichend, und zum ersten Mal seit unserer Gefangennahme schwand der Hunger endgültig... Es ging über Brest-Litowsk zur Umladung auf die westeuropäische Spurbreite. Dann, in Deutschland, in der sowjetisch besetzten Zone, über Frankfurt/Oder und Erfurt. Von dort aus wurden wir mit Bussen gefahren – bis der große Moment kam: Die Grenzüberschreitung nach Westdeutschland bei Herleshausen/ Friedland. Die Begeisterung, mit der wir dort begrüßt wurden, war überwältigend. Doch wurde unsere Freude getrübt, als wir erleben mußten, mit welcher Verzweiflung dort viele Angehörige nach ihren vermißten Lieben suchten, indem sie uns immer wieder deren Fotos zeigten...

Dann gab ich ein Telegramm an meine Eltern in Bielefeld auf. *(Wie ich später erfuhr, hätte ich dabei beinahe meine Hella getroffen. Sie war inzwischen, ohne daß ich es wissen konnte, als Fernschreiberin und Fernsprecherin bei der Post in Göttingen eingestellt worden. Im Wechsel mußten immer zwei Damen von Göttingen aus im Lager Friedland ihren Dienst verrichten. Meine Verlobte hatte zwar an diesem Tag gerade keinen Dienst in Friedland, erfuhr aber sofort von ihrer Kollegin von meinem Telegramm und meiner Rückkehr. Die Damen der gesamten Dienststelle wußten, daß Hella auf die Rückkehr Ihres Verlobten aus russischer Kriegsgefangenschaft wartete. So achteten alle täglich darauf, daß mein Name, der ja nicht häufig vorkommt, irgendwann erscheinen würde... Auch meine Eltern erhielten somit bereits vor dem Eintreffen meines Telegramms Kenntnis von meiner Heimkehr.)*

Wir übernachteten im Lager Friedland, in Nissenhütten aus Wellblech. Vom Lager wurden wir am nächsten Tag per Zug nach Münster/ Westfalen gefahren. In Münster übernachteten wir nochmals, bekamen unsere Entlassungspapiere – und waren endlich wieder freie Bürger.

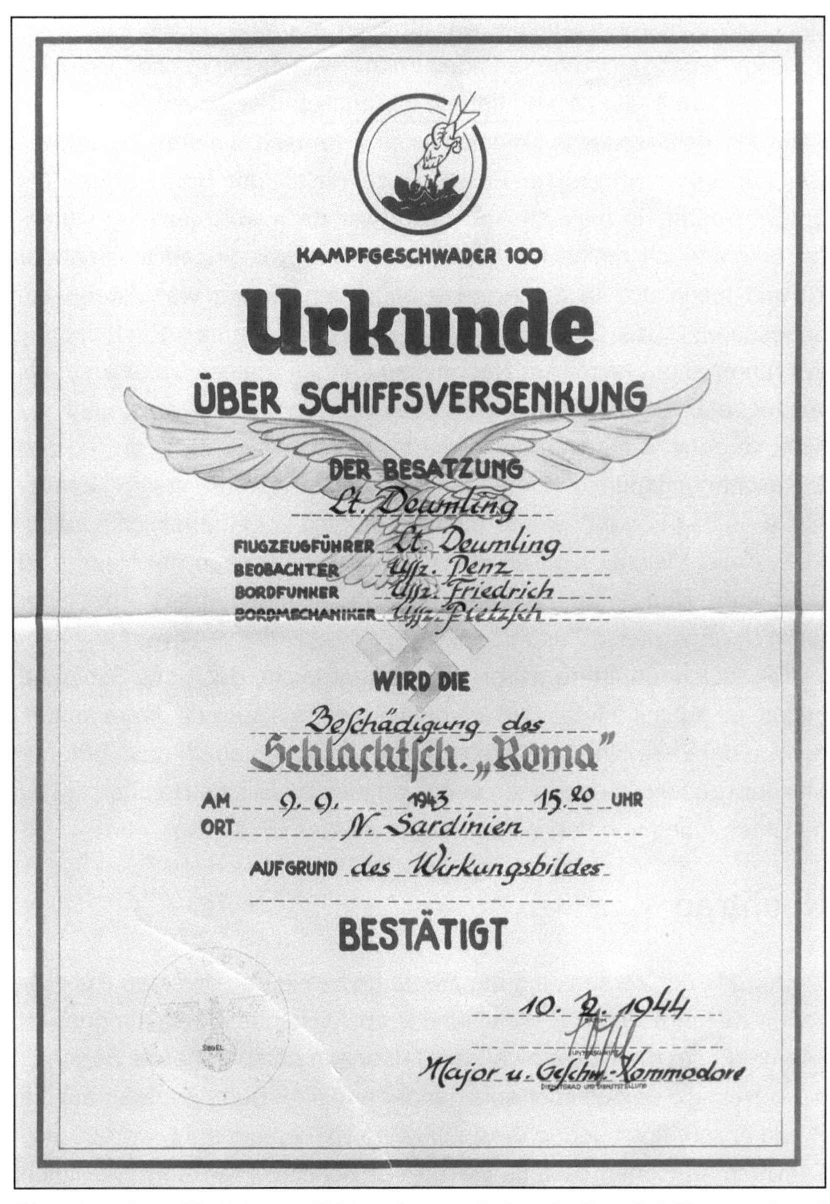

Die mir erst am 10. Februar 1944 verliehene "Urkunde über Schiffsversenkung" betreffs der "Roma".

Die Übernachtung in Münster war für mich, so nahe bei Bielefeld, eine unnötige Verzögerung betreffs des Wiedersehens mit meinen Eltern.

Dann, am 4. Juni 1948, konnte ich endlich den letzten Teil meiner Fahrt als Heimkehrer in Münster einen Zug nach Bielefeld besteigen. Der Zug fuhr nach kurzer Fahrt in den Bielefelder Bahnhof ein. Mit großer Spannung hielt ich Ausschau, wer mich wohl abholen würde. Da erkannte ich meine Mutter. Ich stieg aus, wir gingen aufeinander zu und fielen uns in die Arme – nach den langen vier Jahren ein unbeschreibliches Glücksgefühl mit nie zuvor erlebten Emotionen... Wir fuhren dann heim. Am Nachmittag sah ich meinen Vater erstmals wieder, ebenso ergriffen. Dann freuten Hella und ich uns, daß wir nicht vergebens aufeinander gewartet hatten. Nach einer nur kurzen Eingewöhnungsphase erschienen aber schon bald die ersten Sorgen. Als der Alltag begann, wurde mir klar, daß ich vor einem Nichts stand. Es war nicht leicht, mich an die neuen Verhältnisse in der Heimat zu gewöhnen. Nun begann ein neues Kapitel meines Lebens – mit einer für mich ungewissen Zukunft.

Die folgenden Jahre waren nicht immer leicht, doch das Schicksal meinte es gut mit mir, so daß ich heute, mehr als sechzig Jahre später, noch in der Lage bin, viele interessierte Menschen durch das Luftfahrt-Museum zu führen und Ihnen auch von meiner Zeit als Bomberpilot zu berichten – und von den *41 Sekunden bis zum Einschlag...*

Nachtrag

Betreffs der Versenkung der *Roma* gibt es in den diversen Publikationen mehrere deutlich voneinander abweichende Darstellungen. Im Internet findet man zwar zwei den Tatsachen entsprechende Berichte, die korrekt die beiden kurz aufeinander erfolgten Bombentreffer auf die *Roma* beschreiben, jedoch wurden keine Namen benannt, woraus sich Fehlinterpretationen betreffs der an der Schiffsversenkung beteiligten Personen ableiten lassen – was ich mit meinem detaillierten Bericht in diesem Buch aufklären möchte.

Ein sachlich gut erarbeitetes Buch erschien 1981 im Motorbuch Verlag, Stuttgart: *Kampfgeschwader 100 Wiking* von Ulf Balke, dem Sohn eines ehemaligen Bomberpiloten dieses Geschwaders. Leider enthält dieses mit sehr viel Akribie recherchierte und informative Buch bezüglich der *Roma*-Bombardierung eine Unrichtigkeit auf den Seiten 259/260. So entspricht es nicht den Tatsachen, daß die *Roma* von Unteroffizier Klapproth aus der Besatzung des Geschwaderkommodore, Major Jope, den ersten Treffer auf das Achterdeck erhielt. Richtig ist, daß dieser Treffer vom Unteroffizier Penz aus meiner Besatzung erzielt wurde. Diese Tatsache ist belegt durch meine persönliche Anwesenheit und die Beobachtungen des Unteroffiziers Penz sowie einem sogenannten Zielfoto und meine *Urkunde über Schiffsversenkung (so die offizielle Urkunden-Standardbezeichnung, obwohl wir lediglichen einen Bombentreffer erzielt hatten, wie aber im weiteren Wortlaut erwähnt wird – siehe Seite 107)*. Da die *Roma* nur zwei Treffer erhalten hatte, steht eindeutig fest, daß Geschwaderkommodore Major Jope sie nicht getroffen haben kann.

Eine weitere, von den Tatsachen abweichende Darstellung publizierte Janusz Piekalkiewicz in seinem Buch *Luftkrieg 1939-1945*, Heyne Verlag, München 1978, auf Seite 630: Unter dem Foto der brennenden *Roma* schrieb Piekalkiewicz von *drei* Treffern. Unrichtig ist auch, daß der *erste* Bombentreffer auf die *Roma* eine Explosion ausgelöst haben soll. Zutreffend ist vielmehr, daß der *zweite* Treffer und das in der Folge explodierte Munitions-Hauptmagazin kurz darauf die *Roma* zur Versenkung brachte. Dieser Treffer war jedoch niemals von dem im Buch benannten Oberleutnant Schmetz erzielt worden.

Oberleutnant Schmetz war mir persönlich bekannt. Er war ein äußerst beliebter Mensch, guter Vorgesetzter und Staffelkapitän. Während ich bereits im Mai 1944 Toulouse verlassen hatte und nach Dänemark von der III. zur II. Gruppe des Kampfgeschwaders 100 kam, war Oberleutnant Schmetz noch bis Anfang November 1944 in Toulouse geblieben und hatte hier viele erfolgreiche Einsätze zur Abwehr der feindlichen Landungen geflogen. Anfang November 1944 erschien Schmetz, inzwischen zum Hauptmann befördert und mit dem Ritterkreuz ausgezeichnet, bei uns in Aalborg. Schmetz berichtete überaus spannend, wie er mit der letzten Maschine aus dem von allen Seiten angegriffenen Toulouse mit viel Glück und fliegerischem Können noch herausgekommen war.

Jm
Namen des führers

befördere ich

den Oberfähnrich in der Luftwaffe

Klaus Deumling

mit Wirkung vom 1.Dezember 1942 zum

Leutnant

Ich vollziehe diese Urkunde in der Erwartung,
daß der Genannte getreu seinem Diensteide
seine Berufspflichten gewissenhaft erfüllt und
das Vertrauen rechtfertigt, das ihm durch diese
Beförderung bewiesen wird. Zugleich darf er
des besonderen Schutzes des führers sicher sein.

Berlin, den 27. November 1942

Der Reichsminister der Luftfahrt
und Oberbefehlshaber der Luftwaffe

Meine Ernennungsurkunde zum Luftwaffen-Leutnant vom 27. November 1942 – unterzeichnet vom Reichsminister der Luftfahrt und Oberbefehlshaber der Luftwaffe, Reichsmarschall Hermann Göring.

Bildnachweis

Kollektion Ulf Balke
Bundesamt für Wehrtechnik, Koblenz
Privatsammlung Dr. Klaus Deumling
Kollektion UNITEC Medienvertrieb, Königsmoos
Luftfahrt-Museum, Hannover-Laatzen
Privatsammlung Thomas Schmidt

Danksagungen

Für ihre freundliche Unterstützung am vorliegenden Werk bedanke ich mich bei folgenden Personen und Institutionen: Bei Herrn Ulf Balke, Oberstleutnant a. D. Hans Dieter Bechtold, Herrn Manfred Franzke, Helmut Konrad Freiherr von Keusgen und Frau Élodie, Frau Karin Clarissa Röhrs, Herrn Thomas Schmidt, Herrn Lothar Simon sowie dem Bundesamt für Wehrtechnik und dem Luftfahrt-Museum Hannover-Laatzen.

Dr. Klaus Deumling

Ihre Zufriedenheit ist unser Ziel!

Liebe Leser, liebe Leserinnen,

hat Ihnen unser Buch gefallen? Haben Sie Anmerkungen für uns? Kritik? Bitte zögern Sie nicht, uns zu schreiben. Wir werden jede Nachricht persönlich lesen und beantworten.

Schreiben Sie uns: info@ek2-publishing.com

Wussten Sie schon, dass Sie uns dabei unterstützen können, deutsche Militärliteratur sichtbarer zu machen? Bitte nehmen Sie sich einen Moment Zeit und bewerten Sie dieses Buch auf Amazon. Viele positive Rezensionen führen dazu, dass das Buch mehr Menschen angezeigt wird.

Sie können somit mit wenigen Minuten Zeitaufwand unserem kleinen Familienunternehmen einen großen Gefallen tun. Vielen Dank für Ihre Unterstützung!

Verpassen Sie keine Neuerscheinung mehr!

Tragen Sie sich in den Newsletter von *EK-2 Militär* ein, um über aktuelle Angebote und Neuerscheinungen informiert zu werden und an exklusiven Leser-Aktionen teilzunehmen.

Impressum

Eine Veröffentlichung von EK-2 Publishing GmbH
Friedensstraße 12, 47228 Duisburg
Registergericht: Duisburg
Handelsregisternummer: HRB 30321
Geschäftsführerin: Monika Münstermann

E-Mail: info@ek2-publishing.com
Website: www.ek2-publishing.com

Alle Rechte vorbehalten

Originalauflage 20008, H.E.K.Creativ Verlag, Garbsen
Umgestaltete Neuauflage von EK-2-Publishing GmbH, Februar 2024
Buchsatz: Veronika Aretz

Druckhinweis:

Libri Plureos GmbH

Friedensallee 273

22763 Hamburg